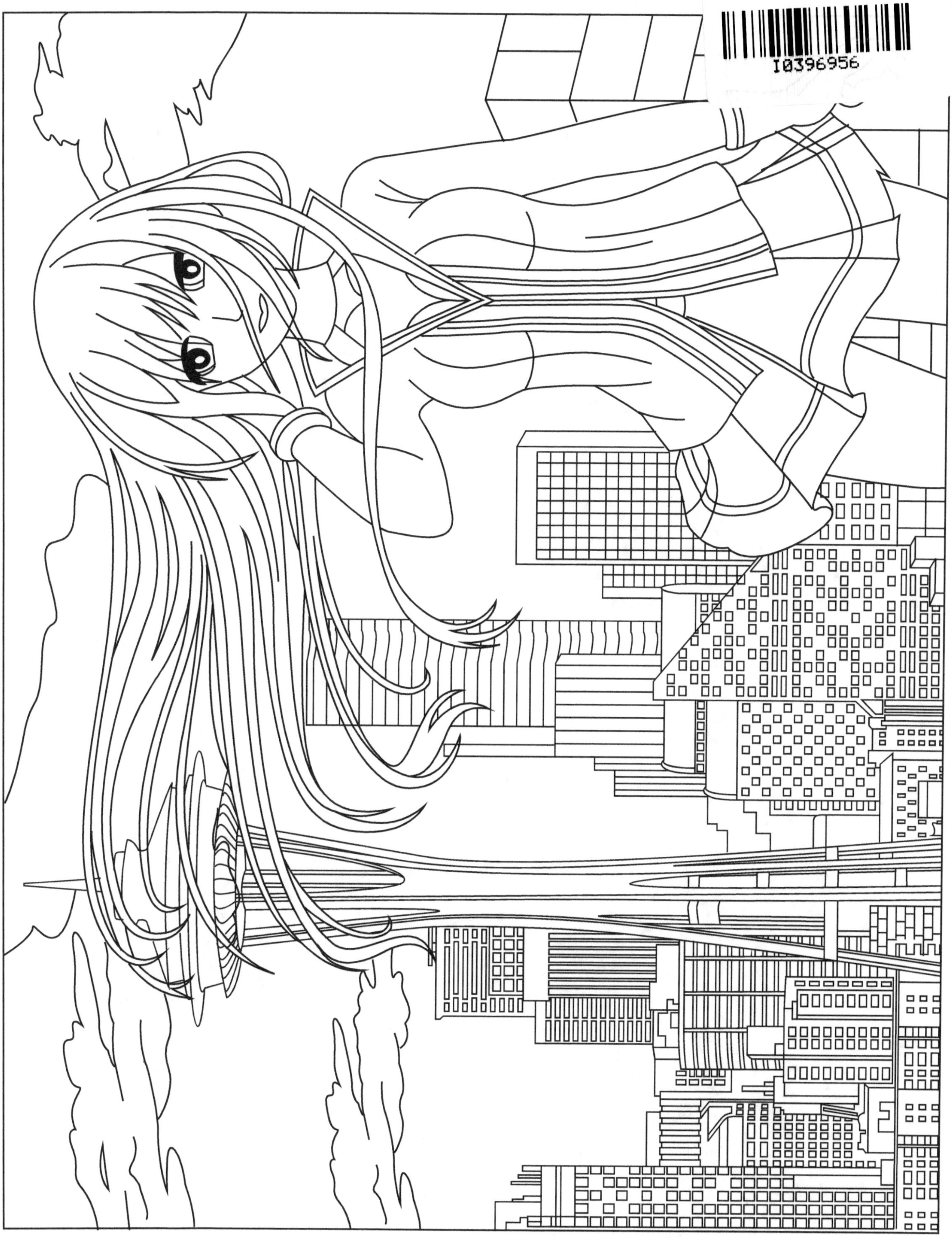

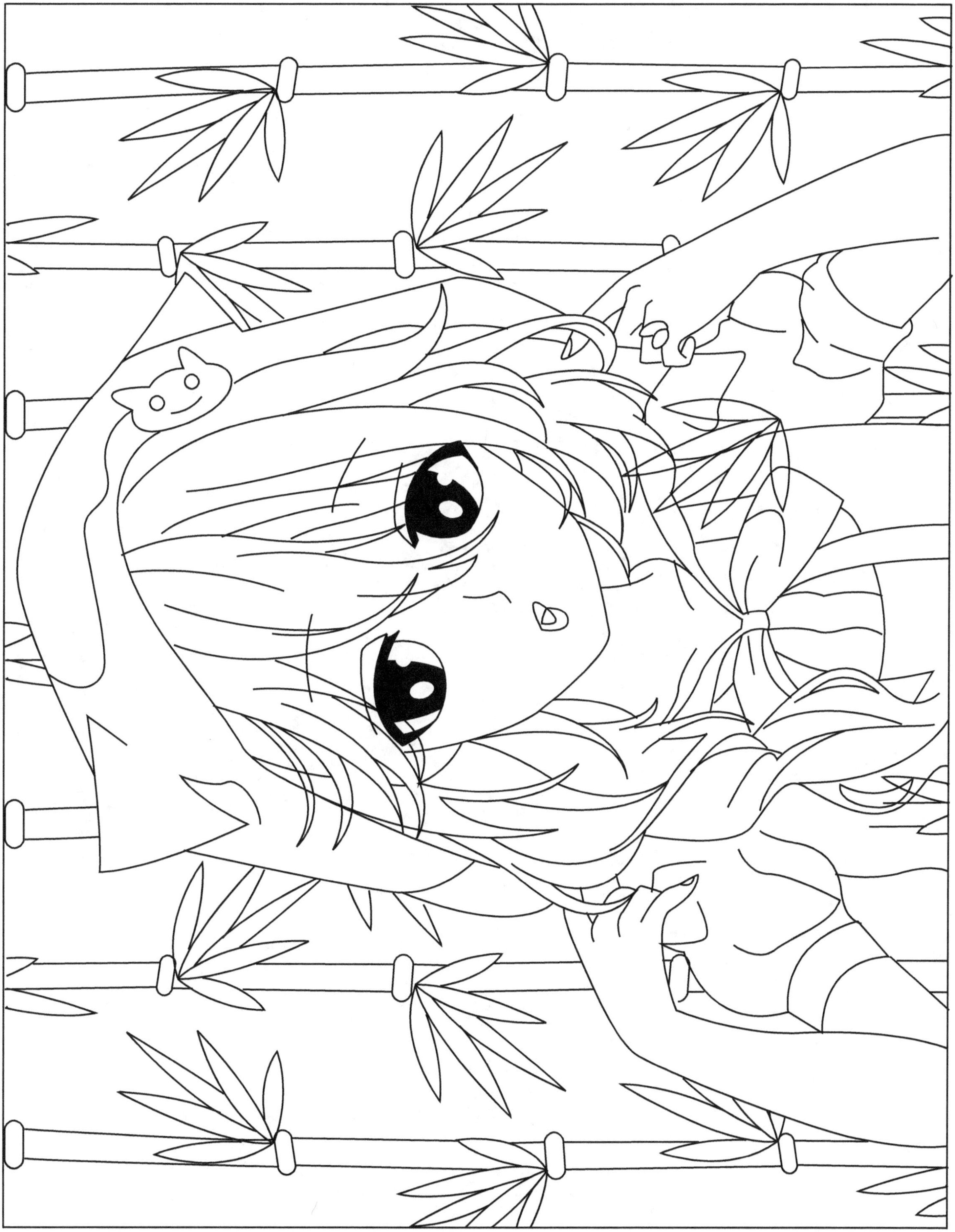

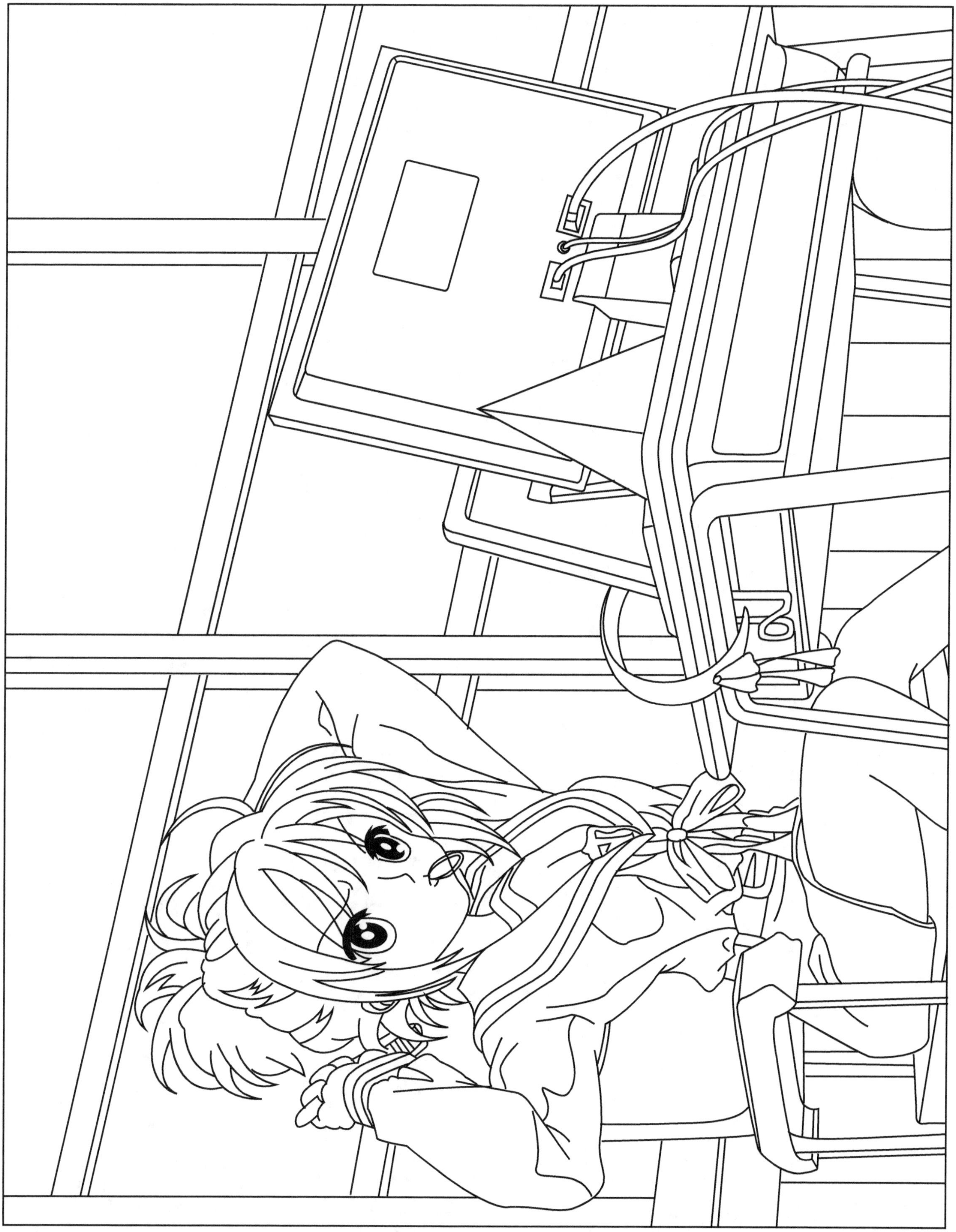

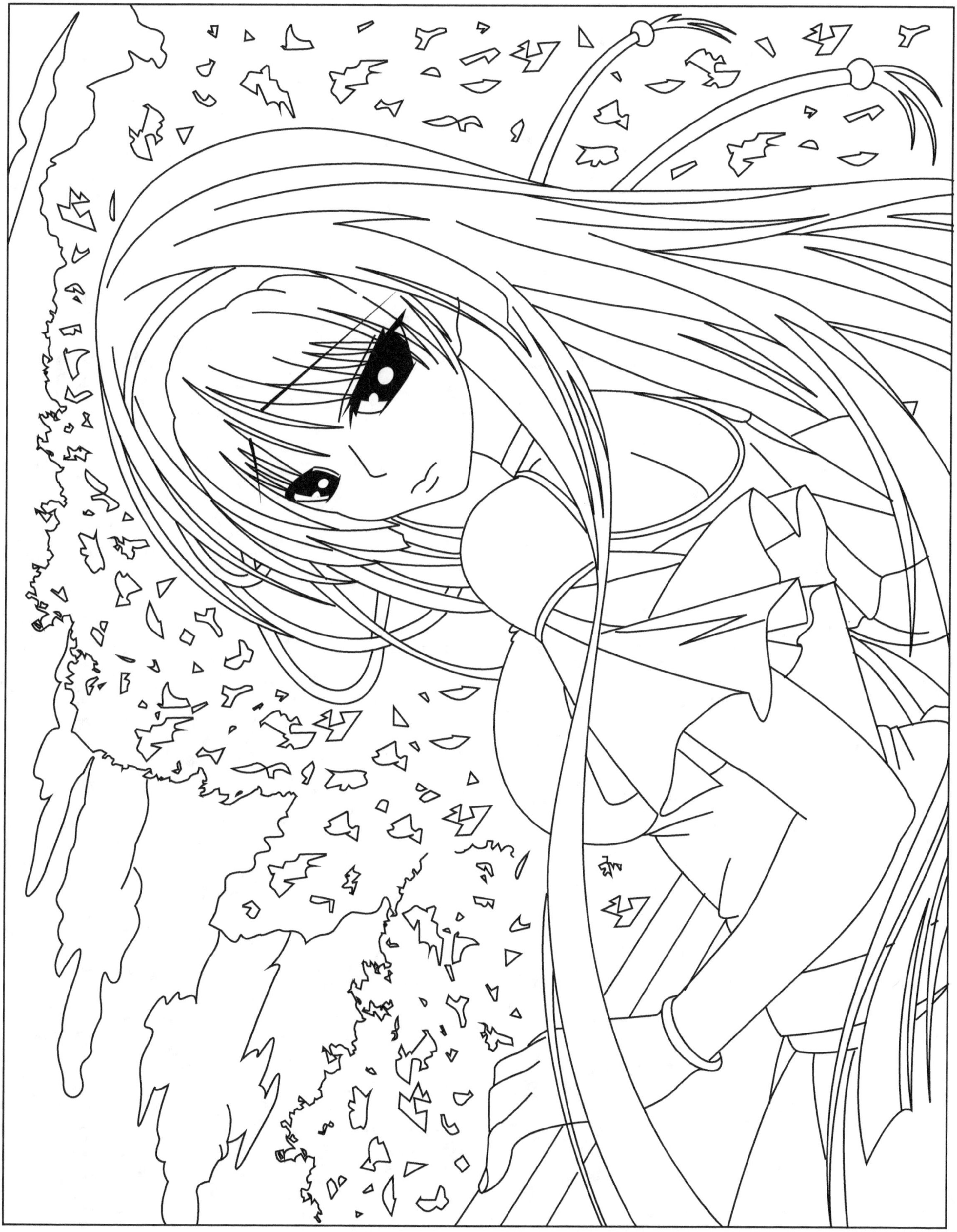

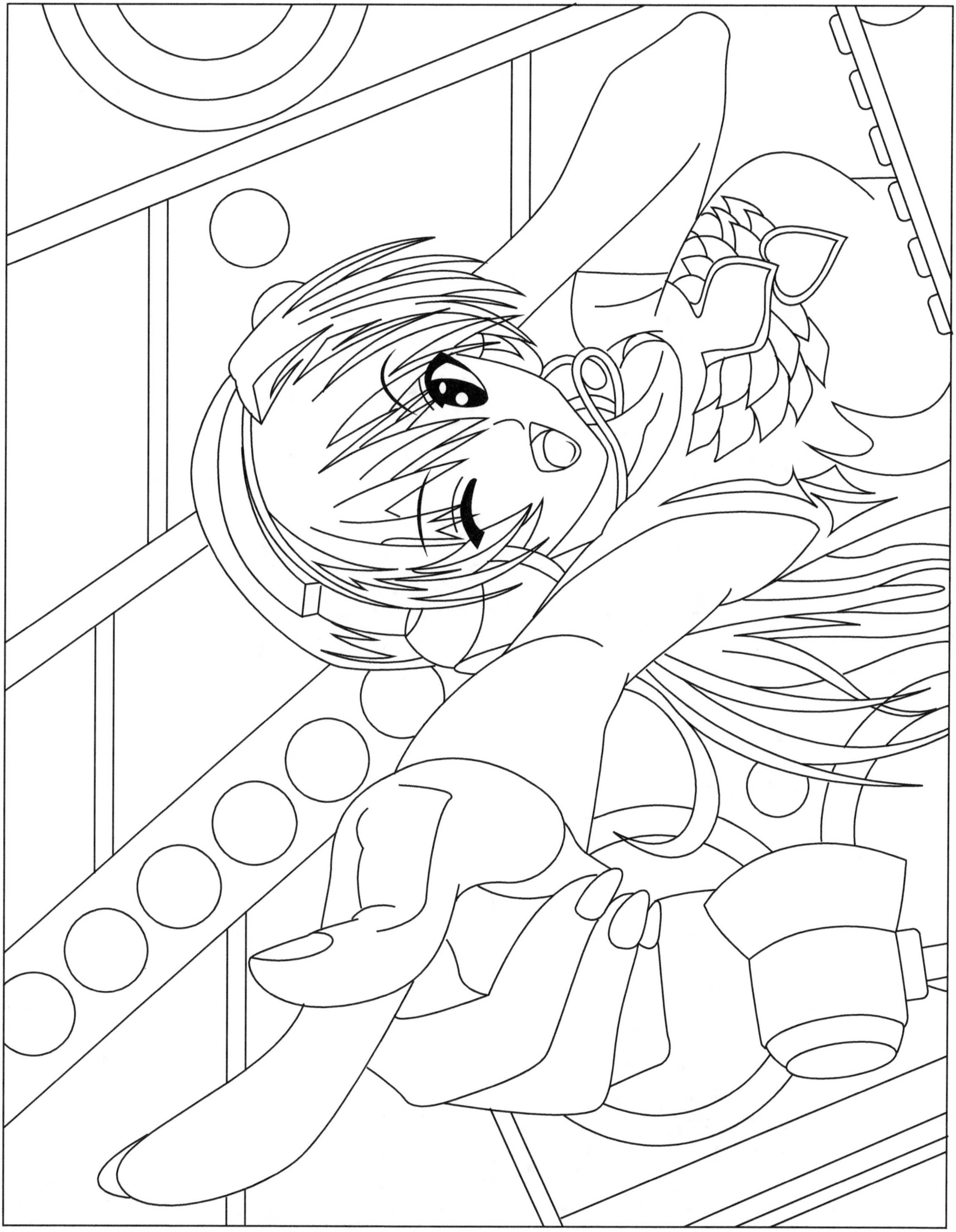

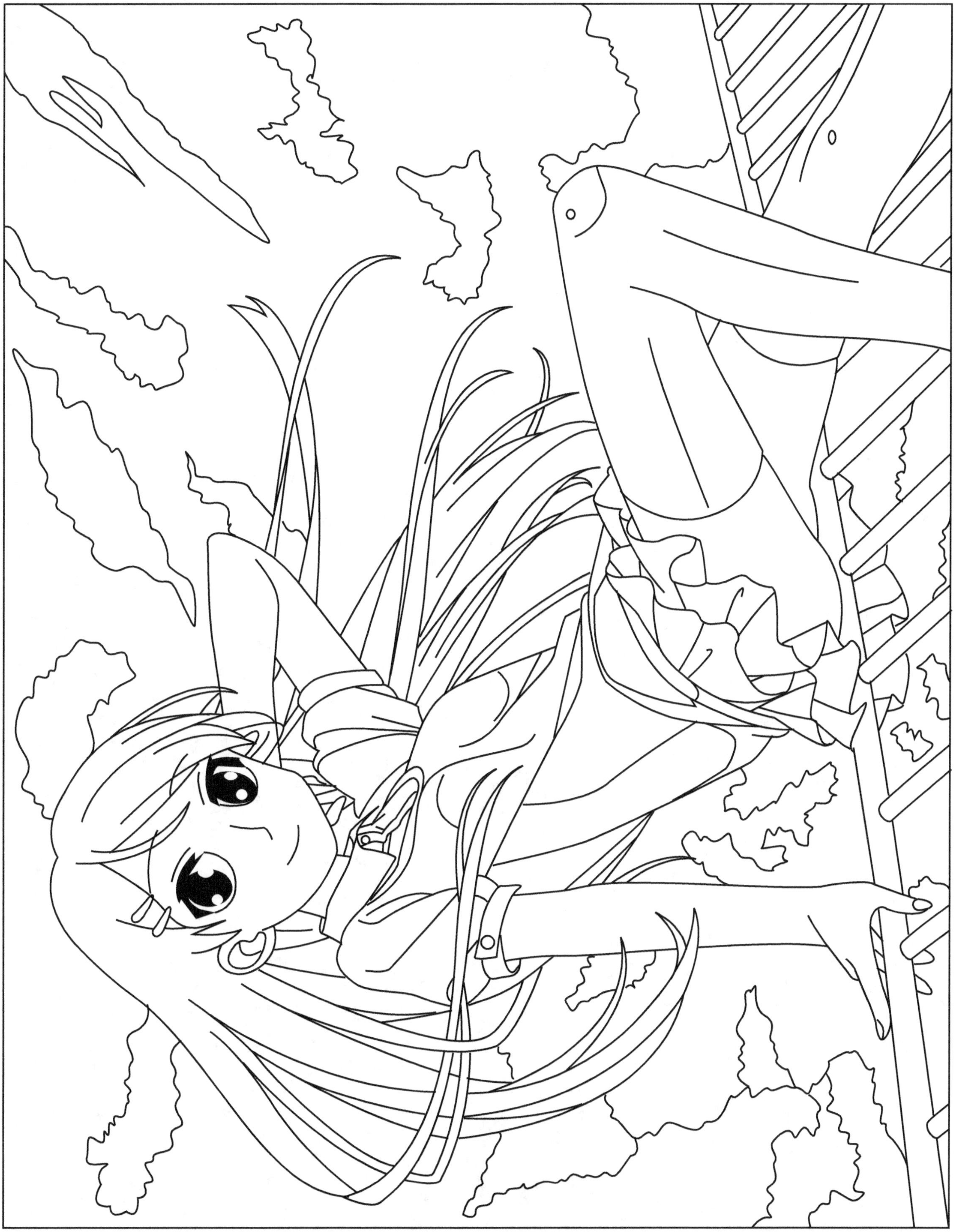

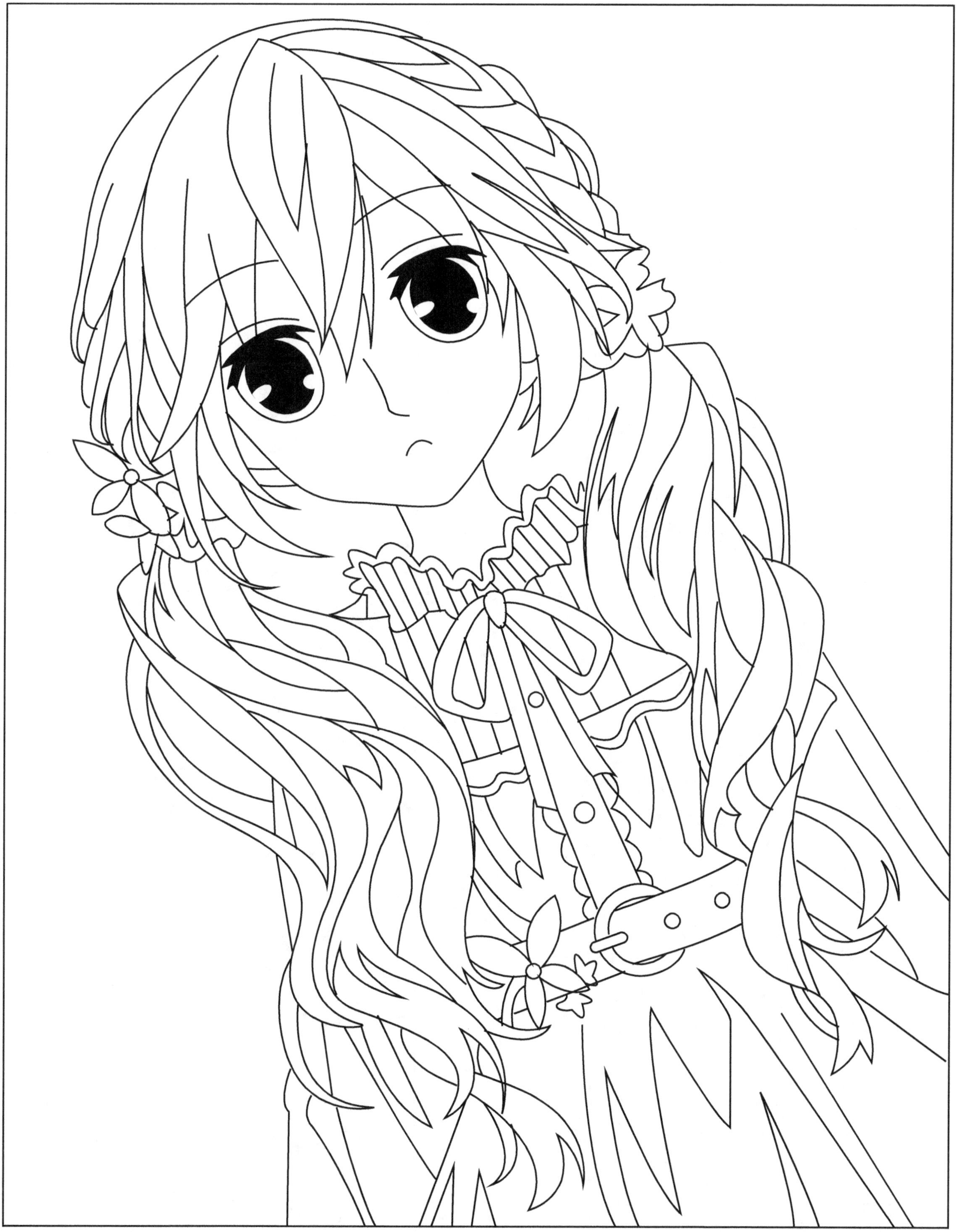

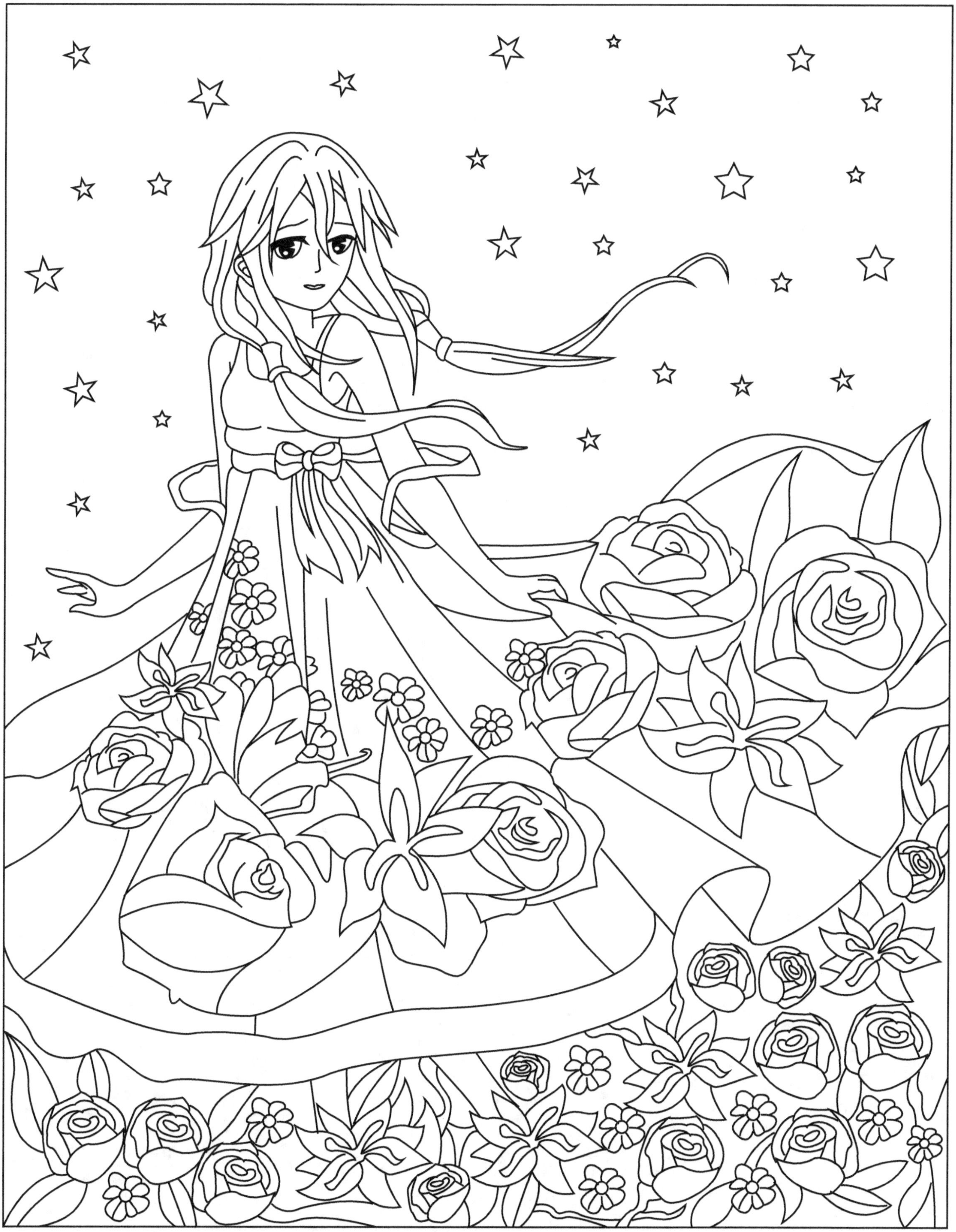

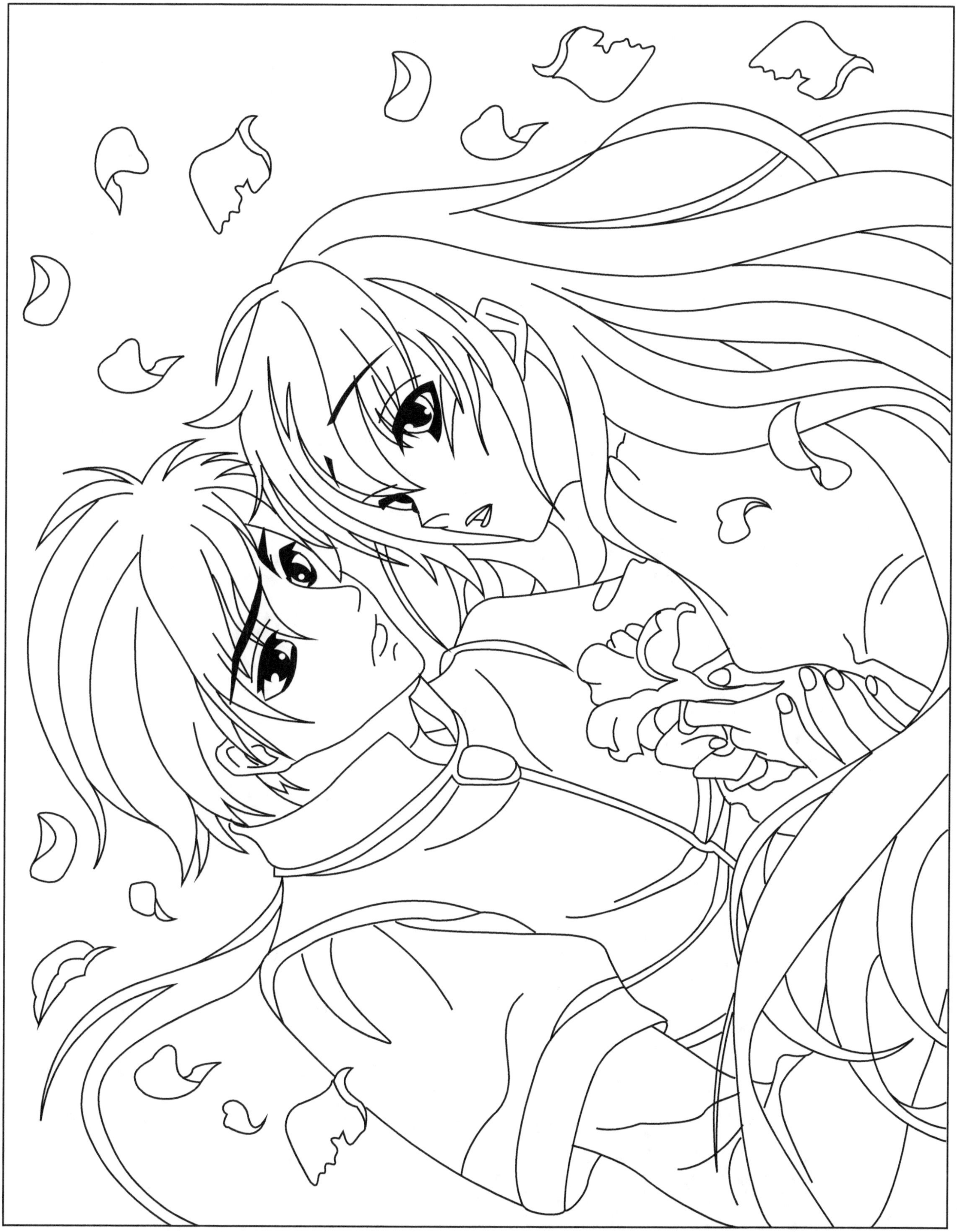

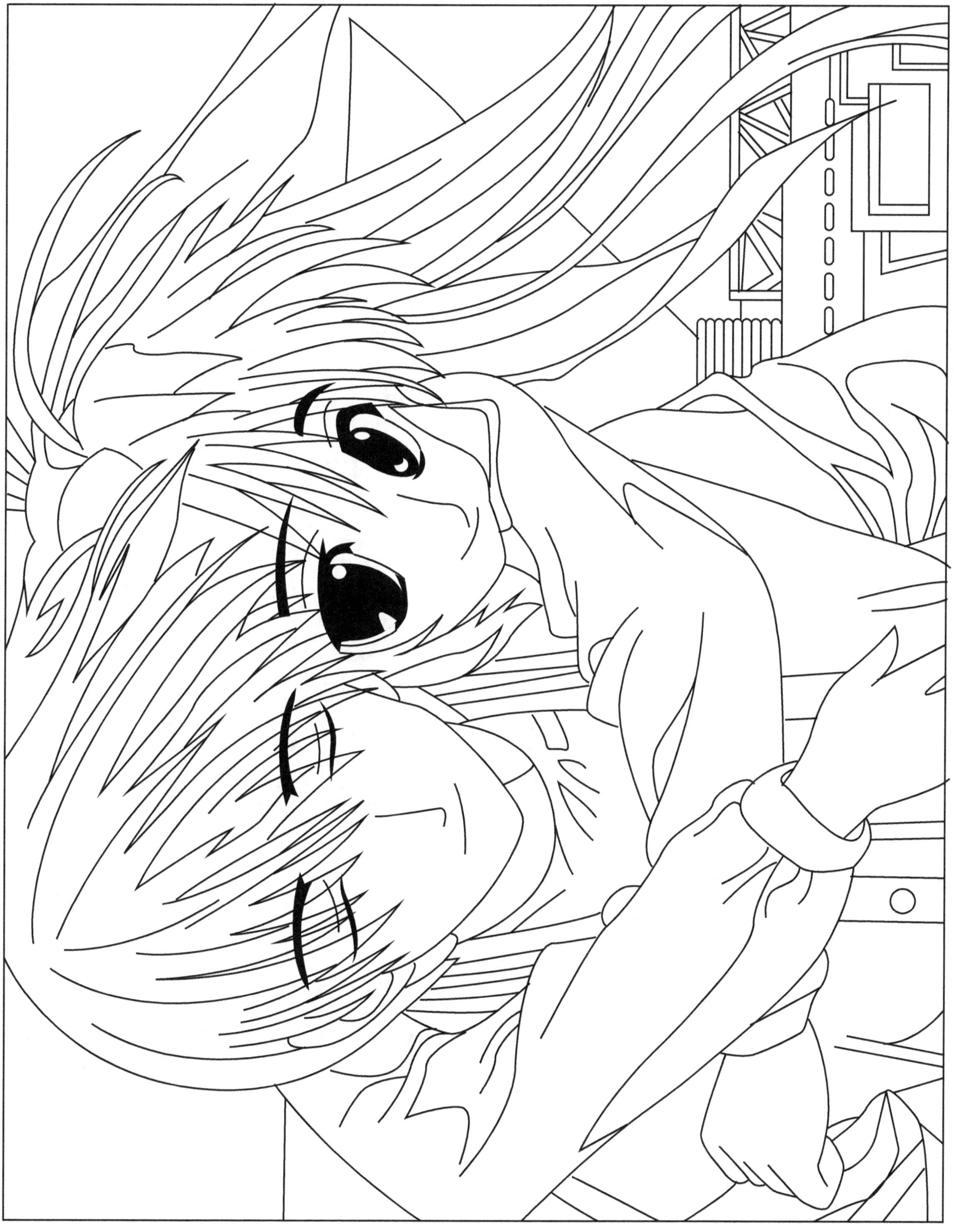

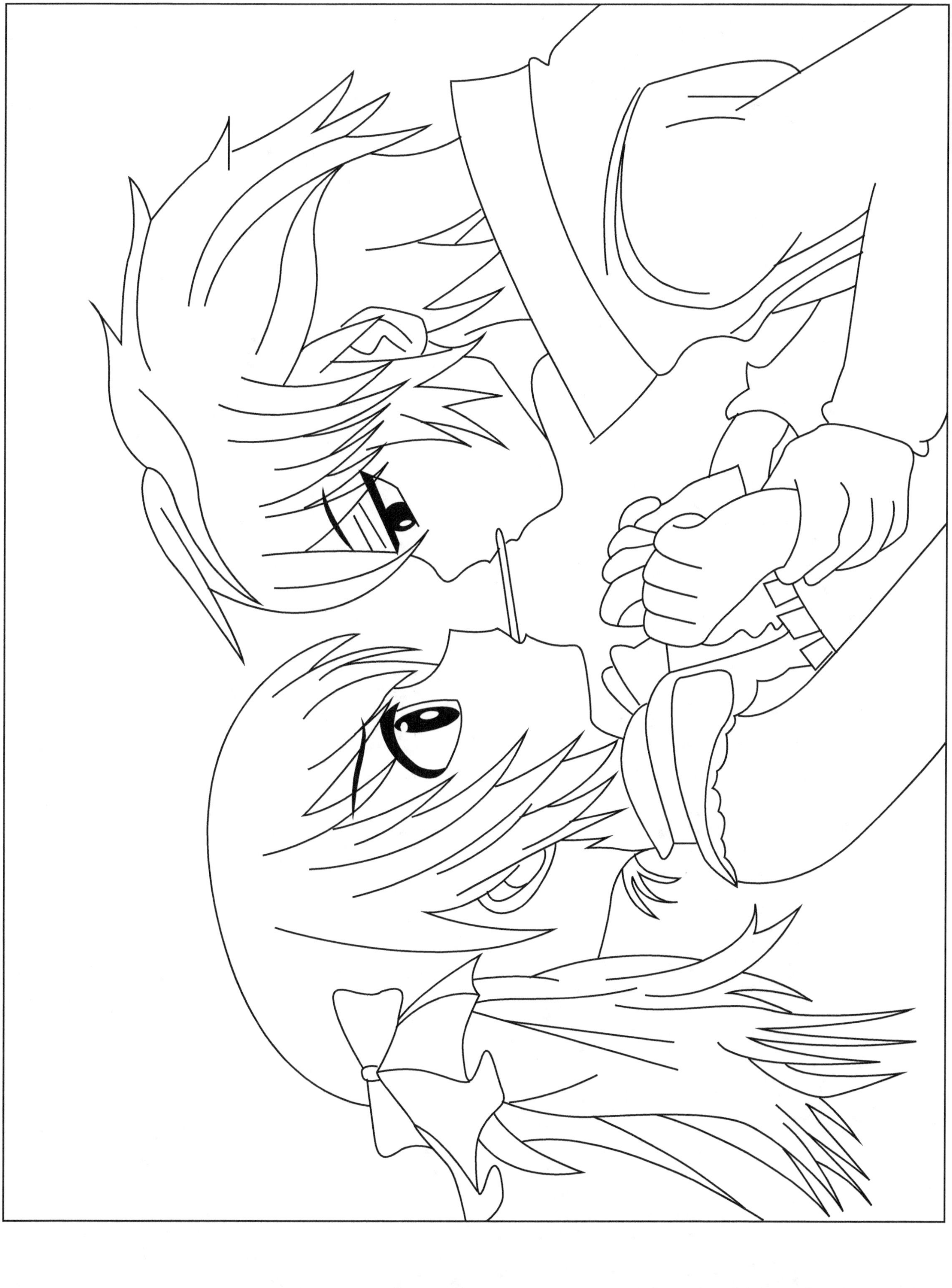

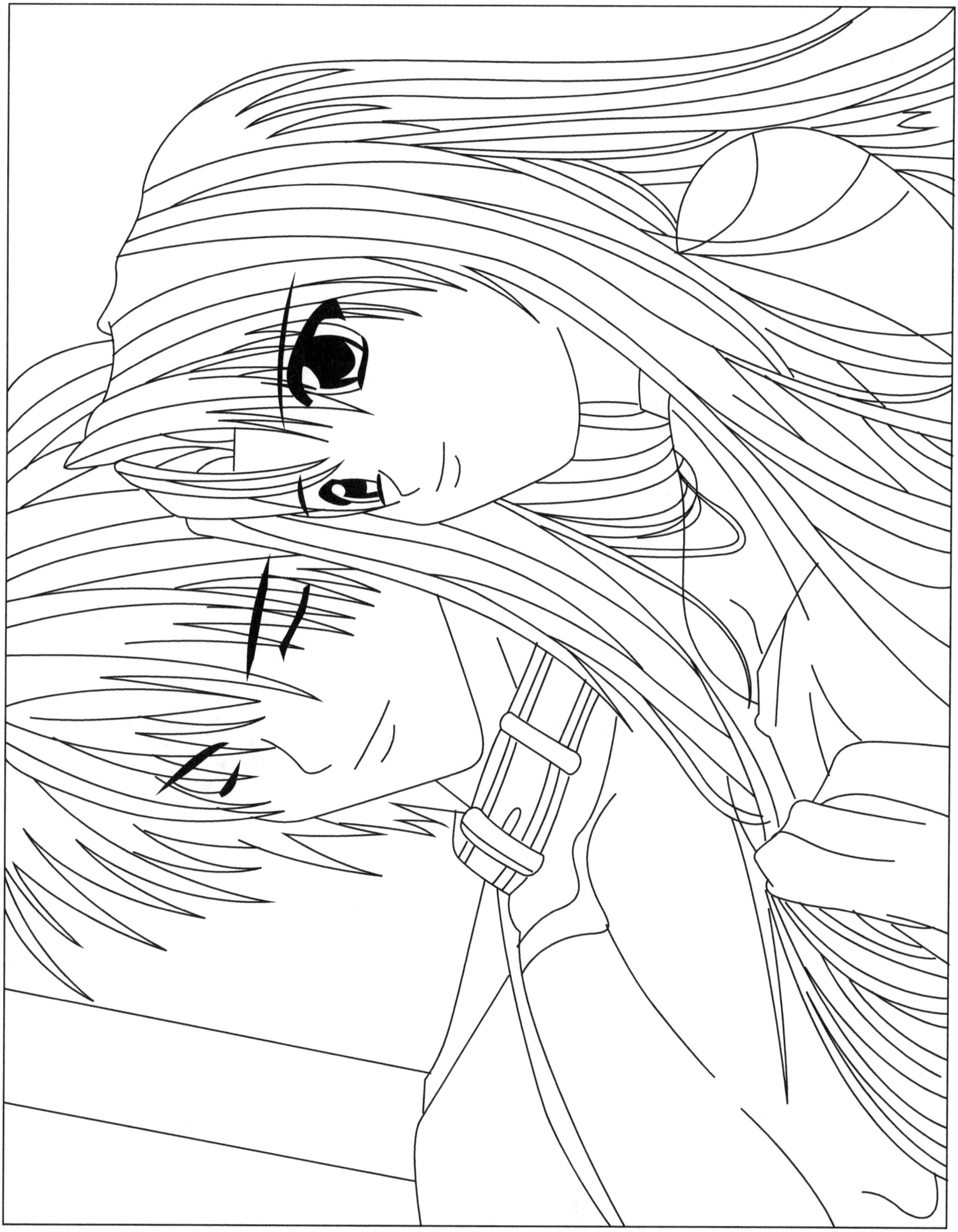

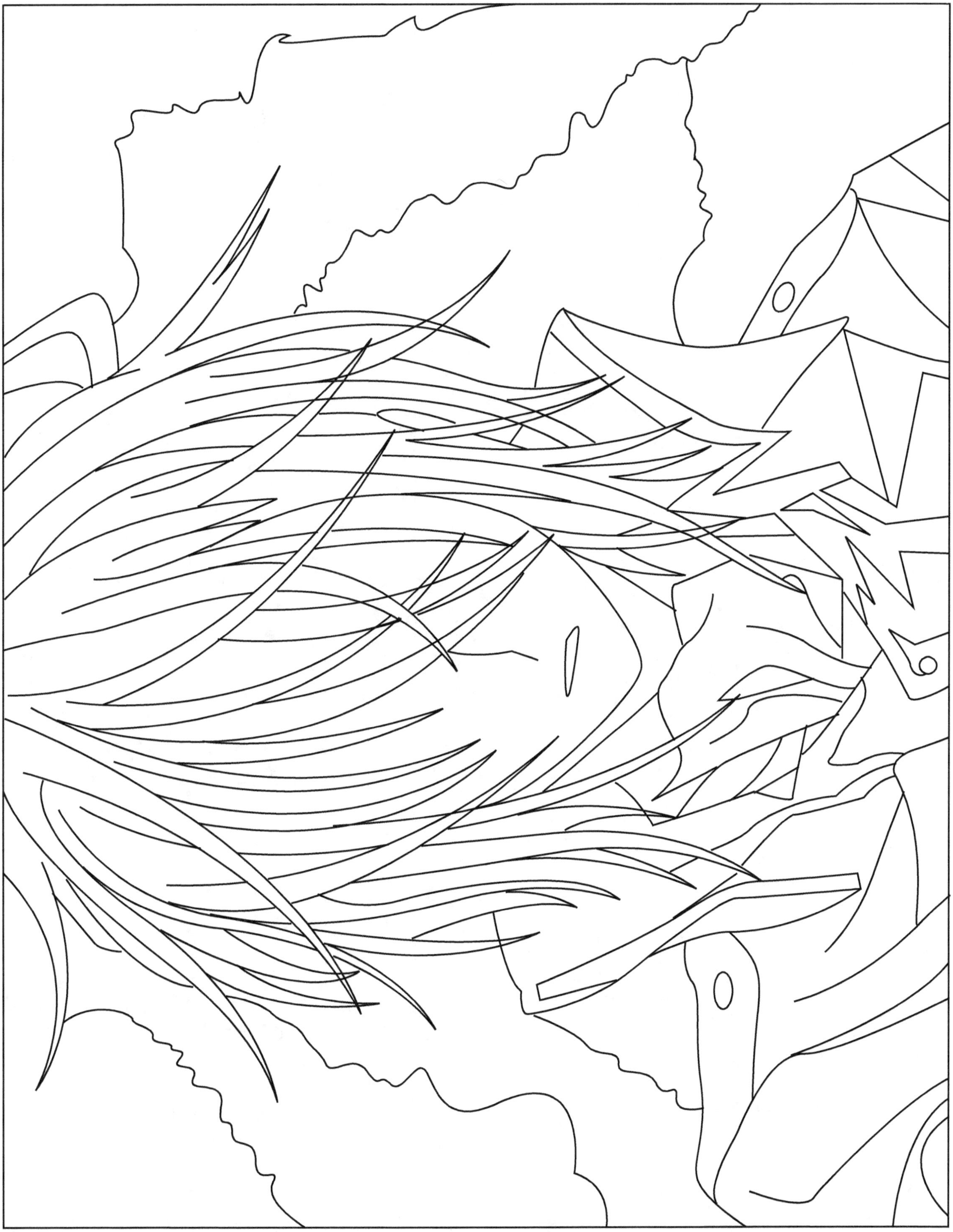

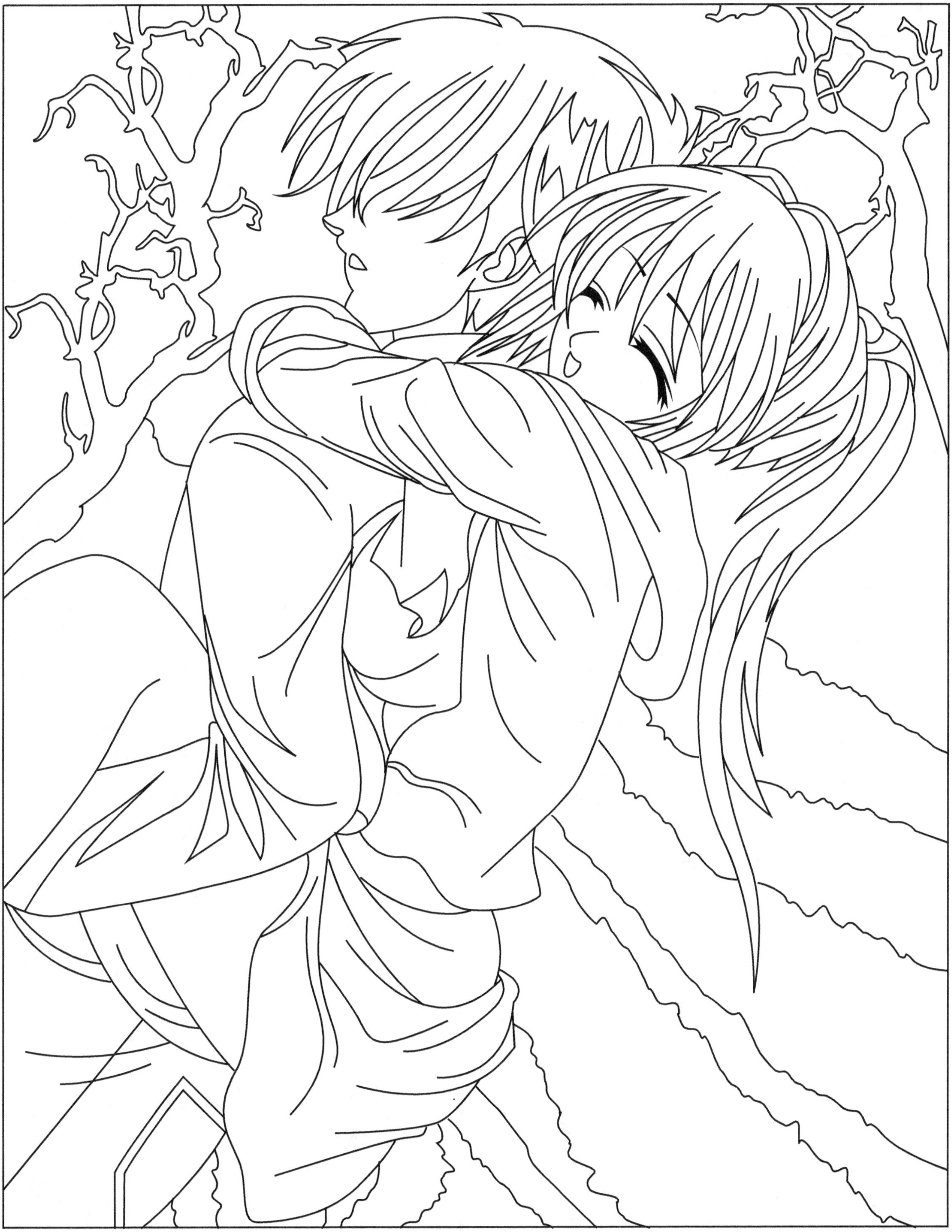

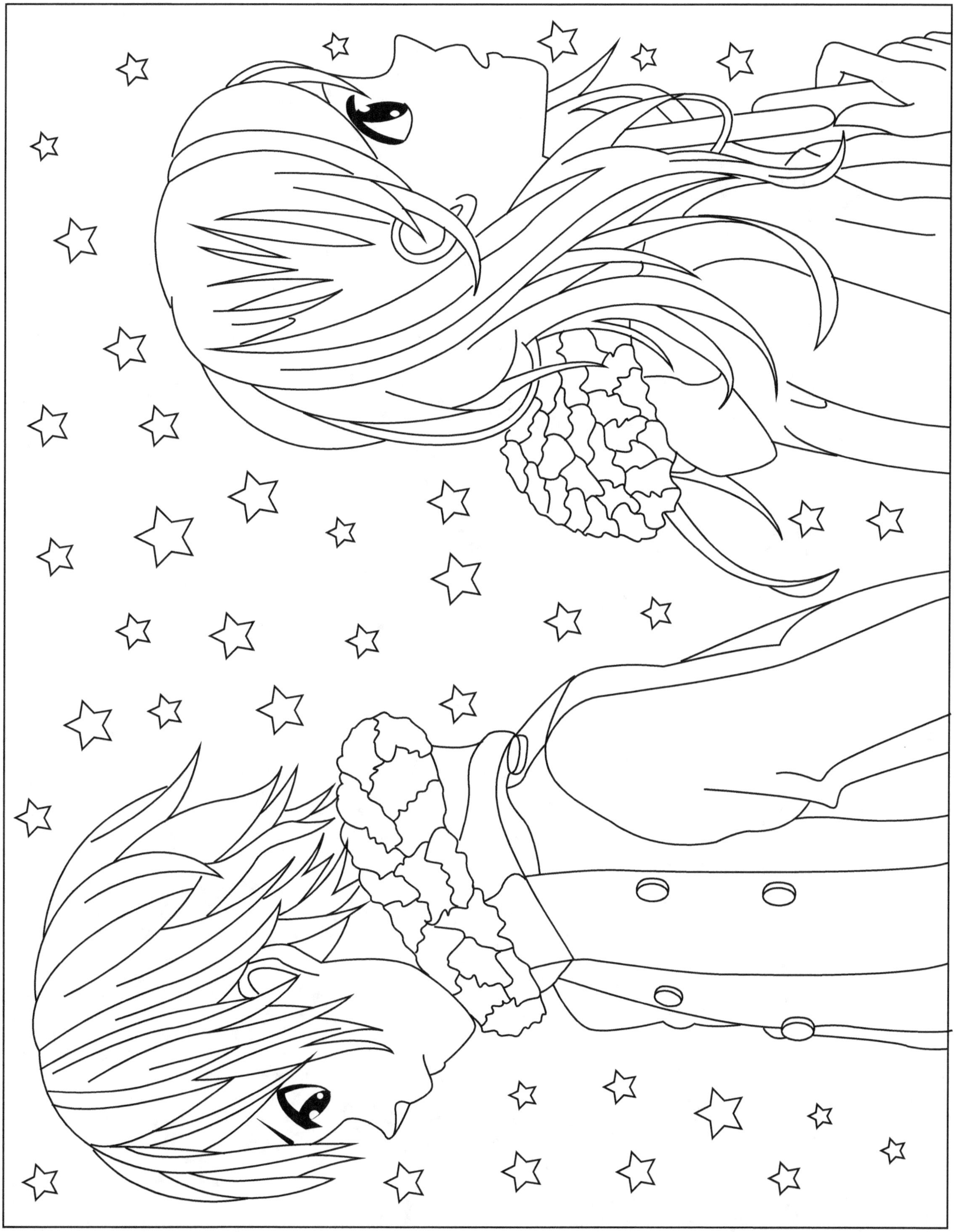

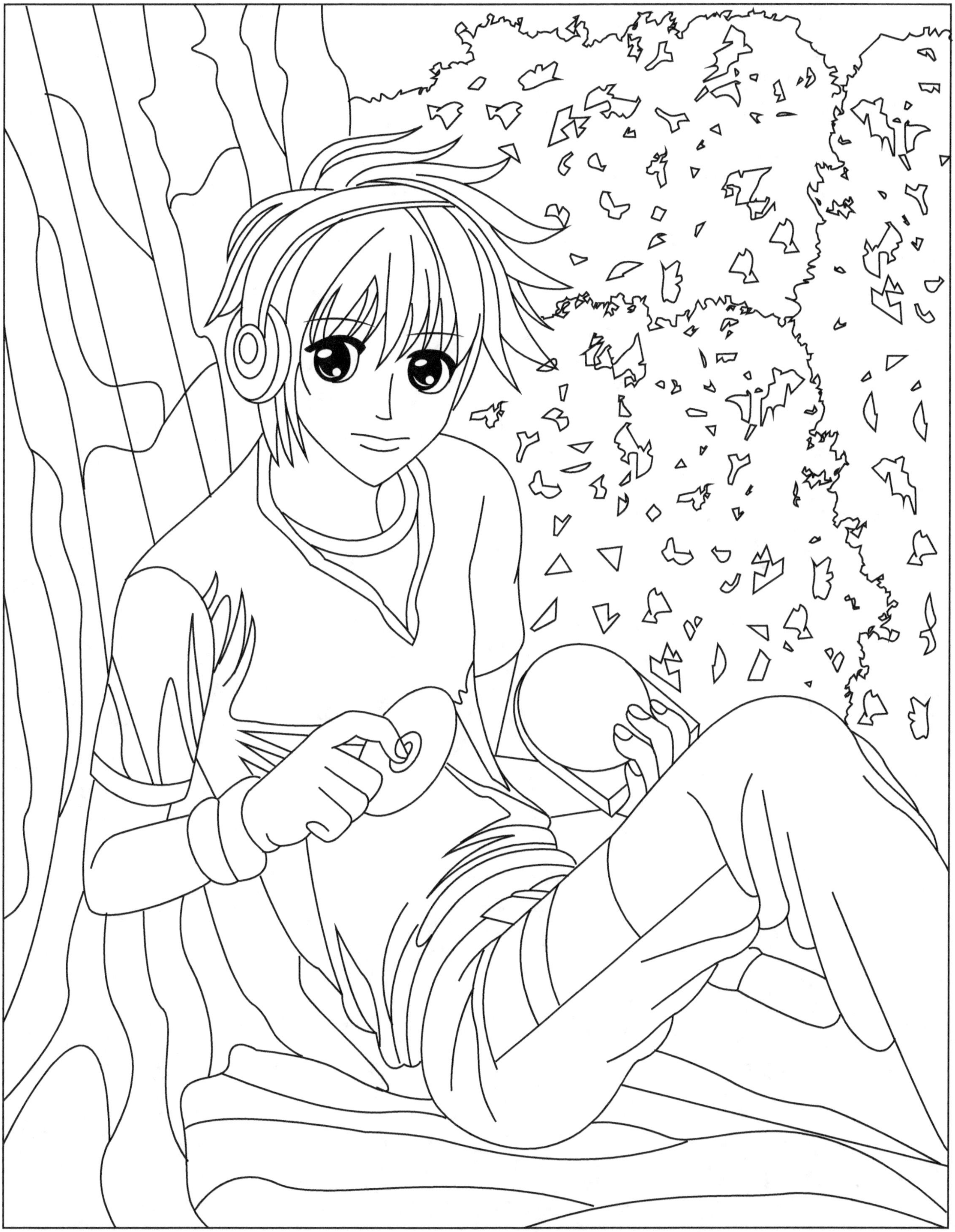

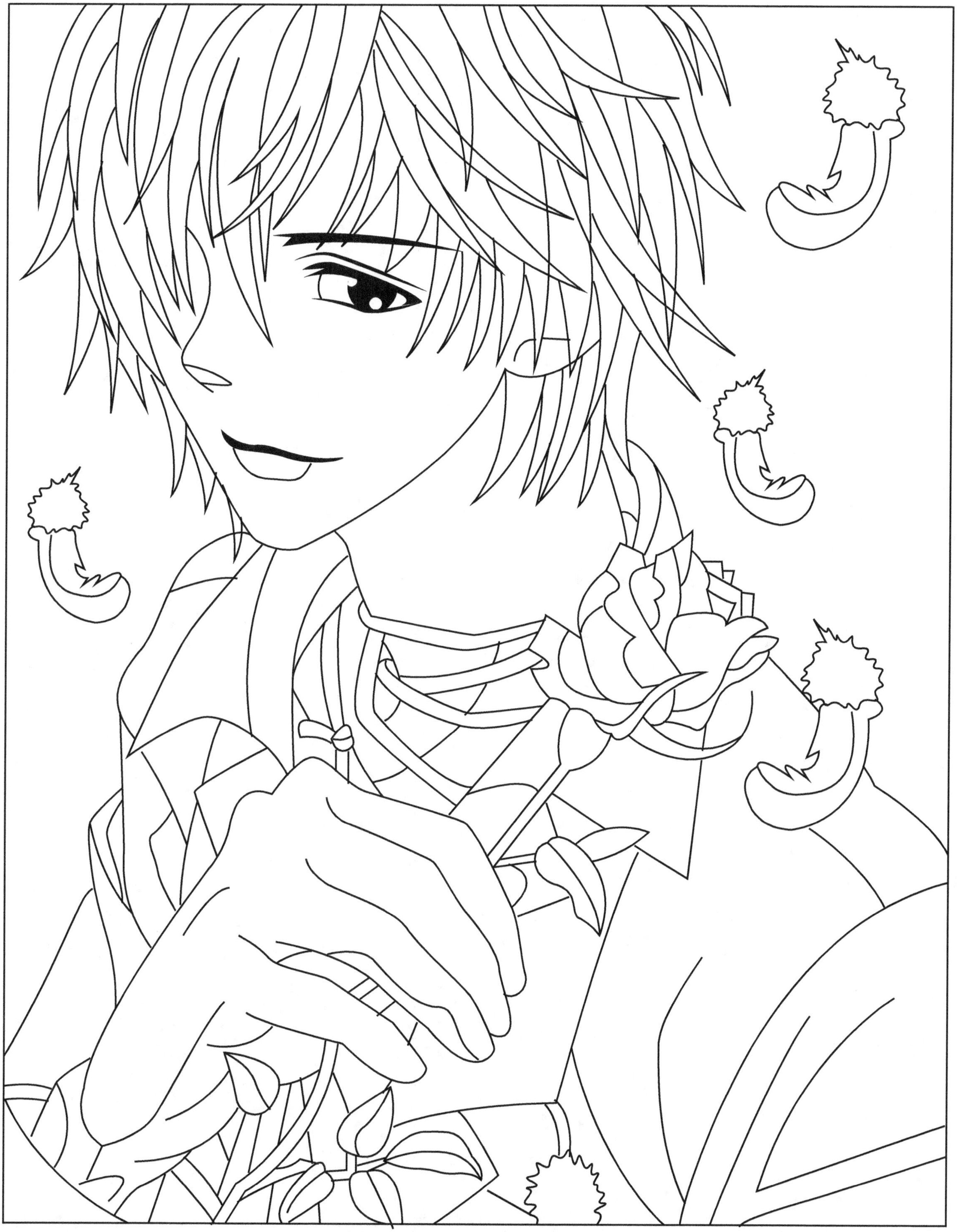

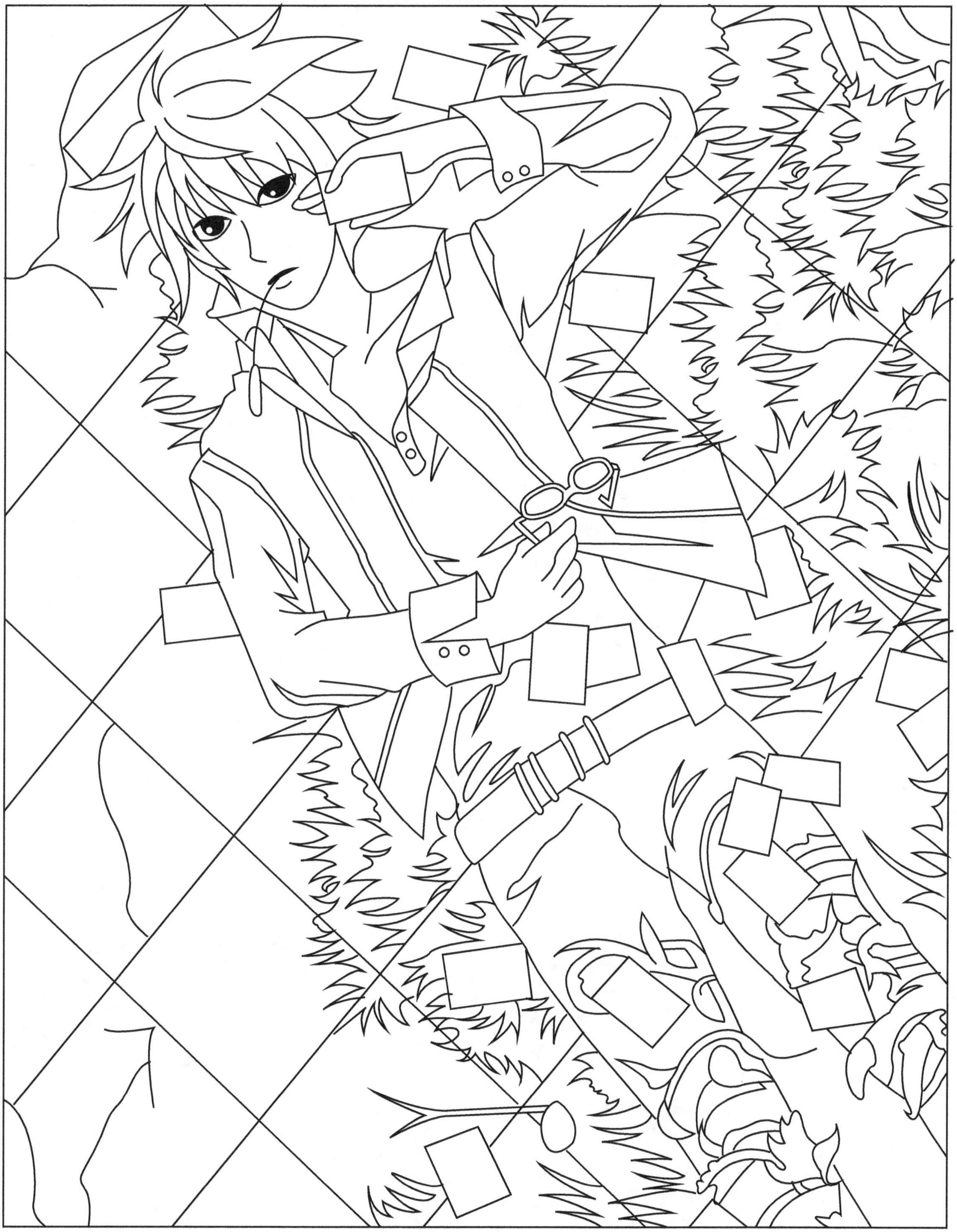

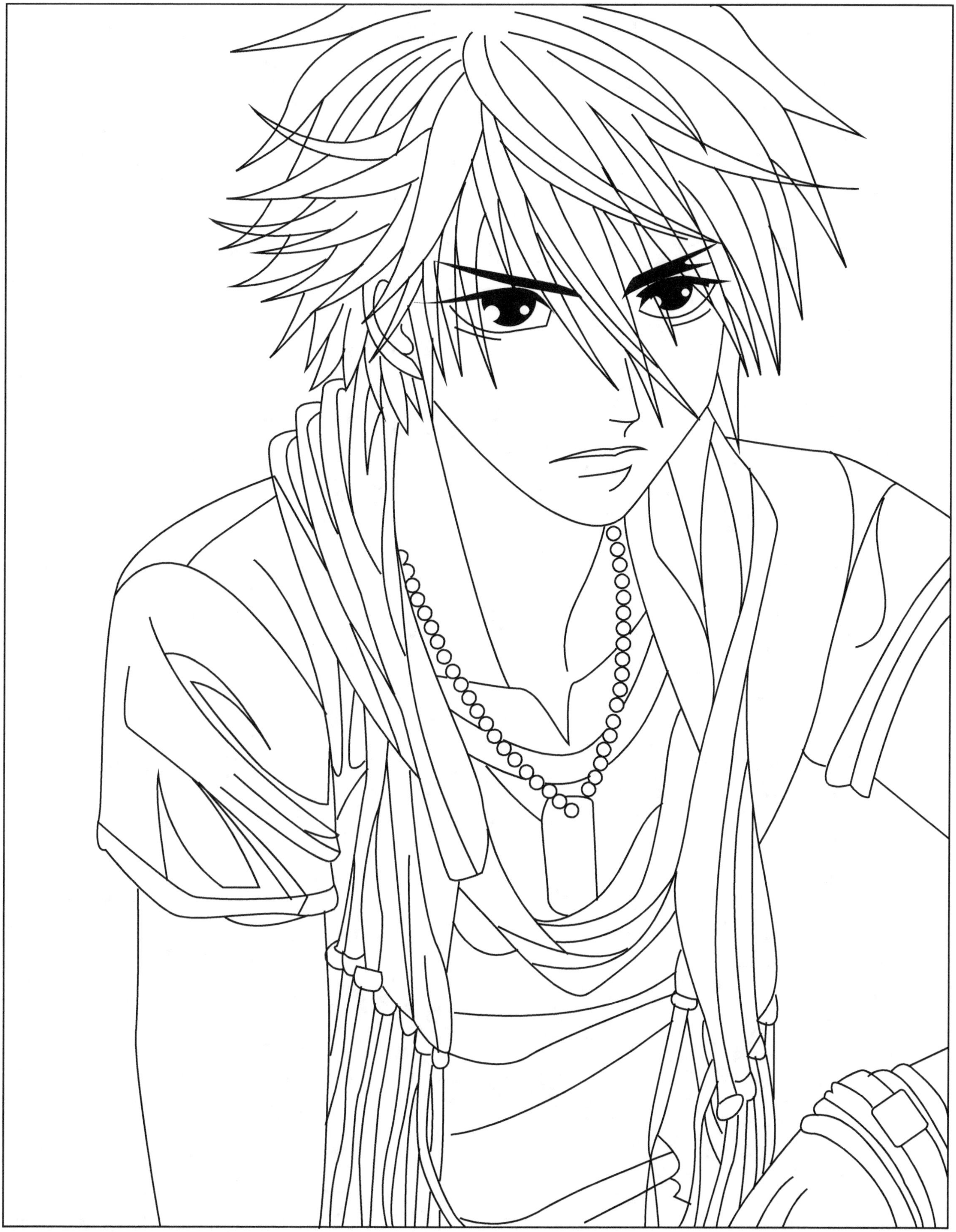

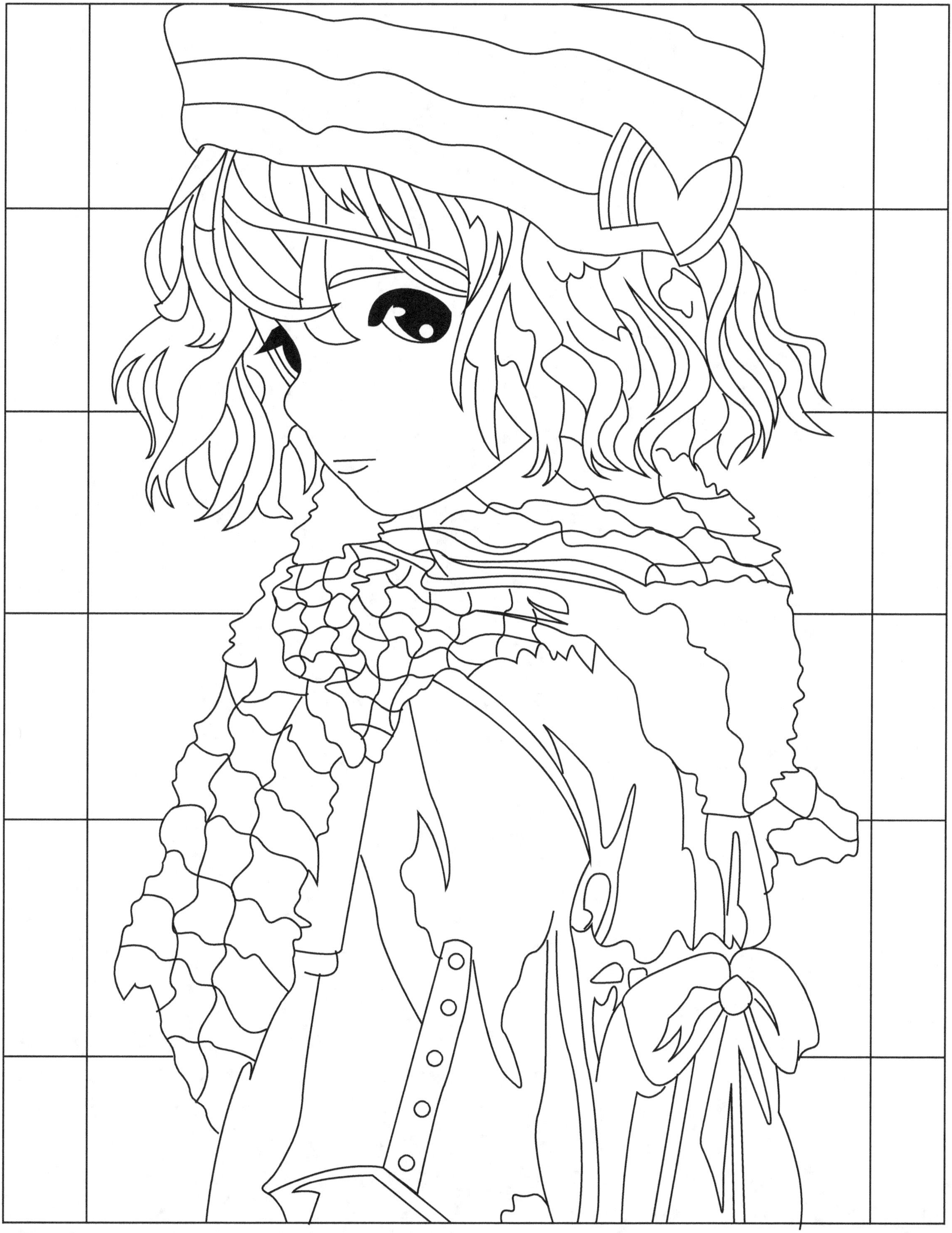

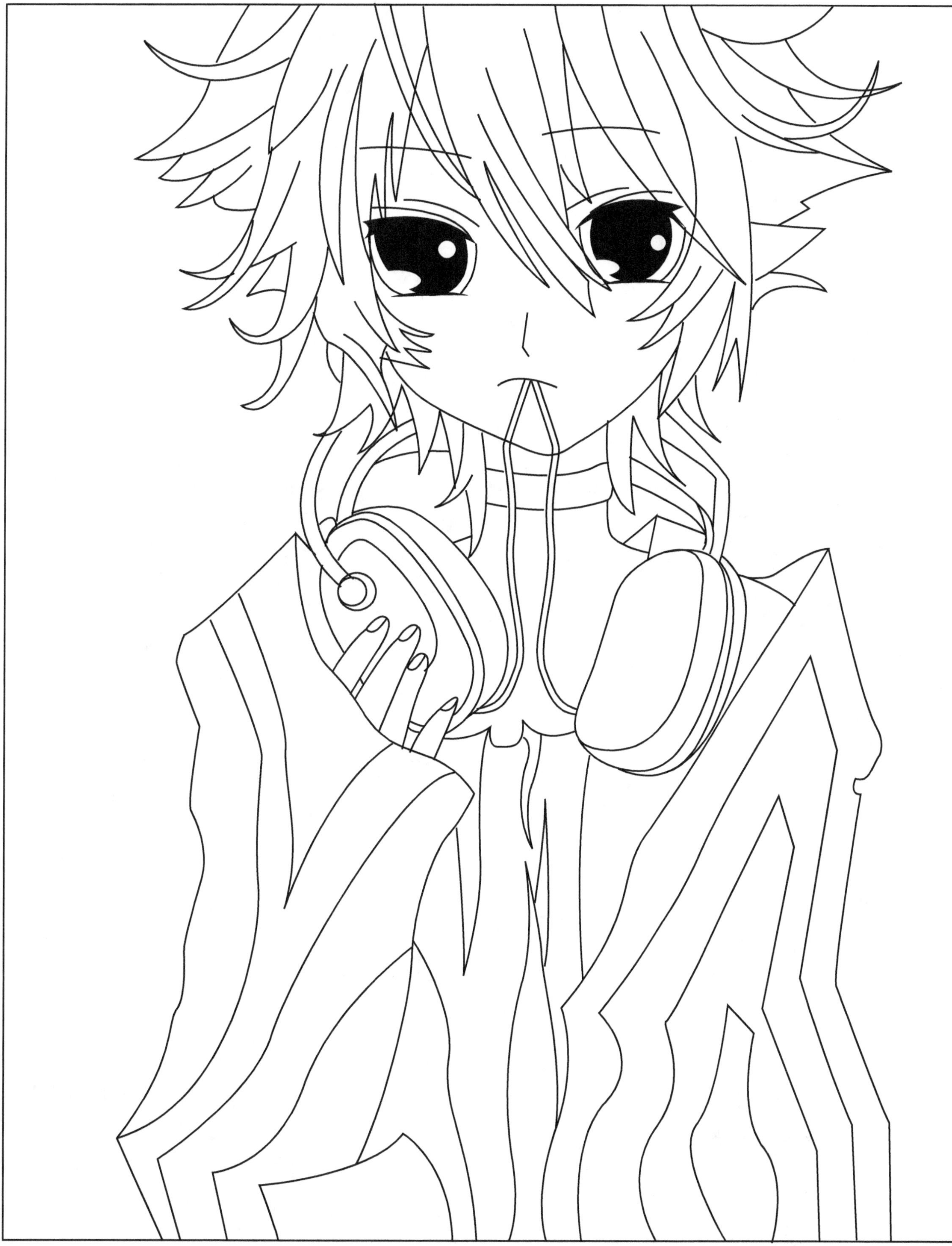

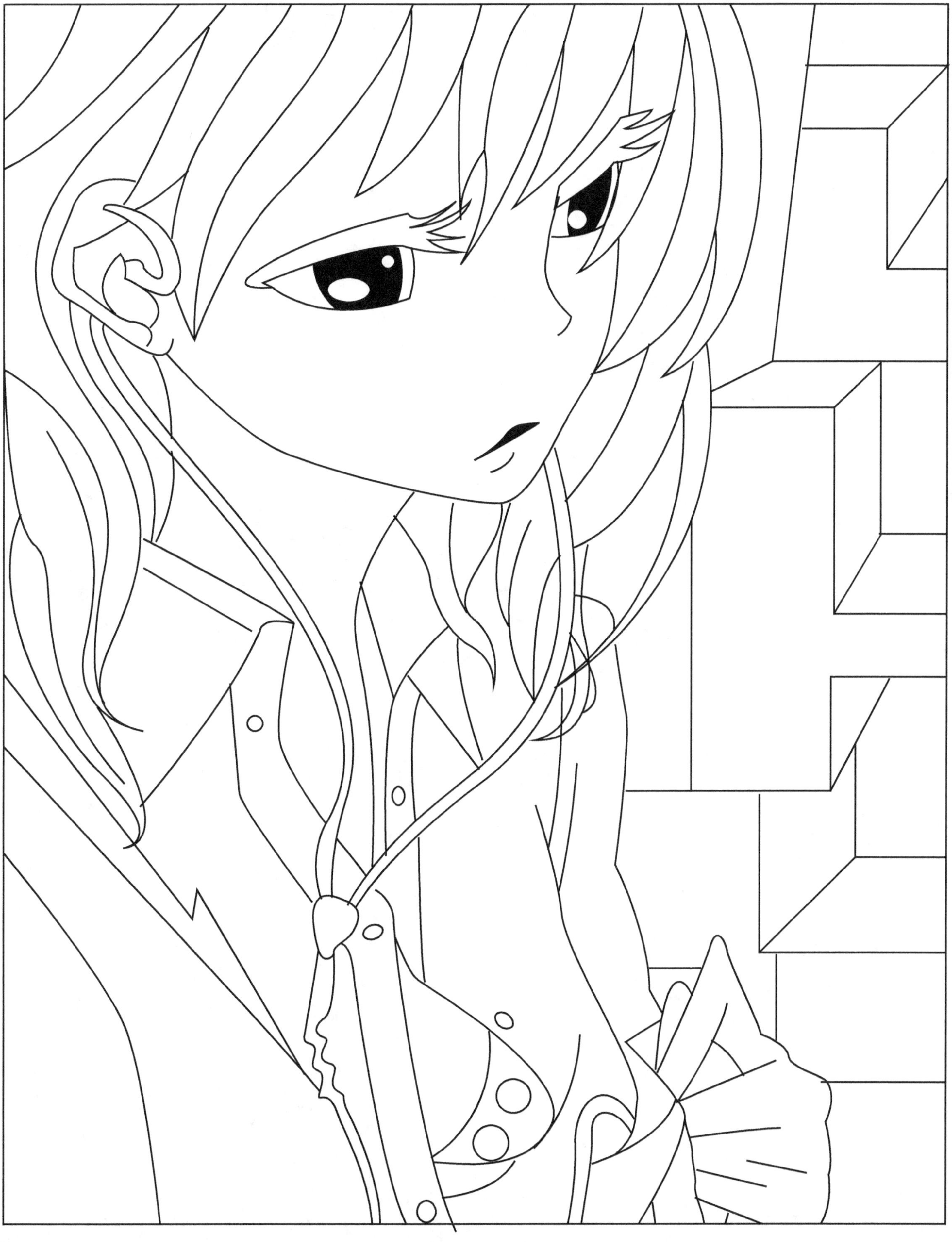

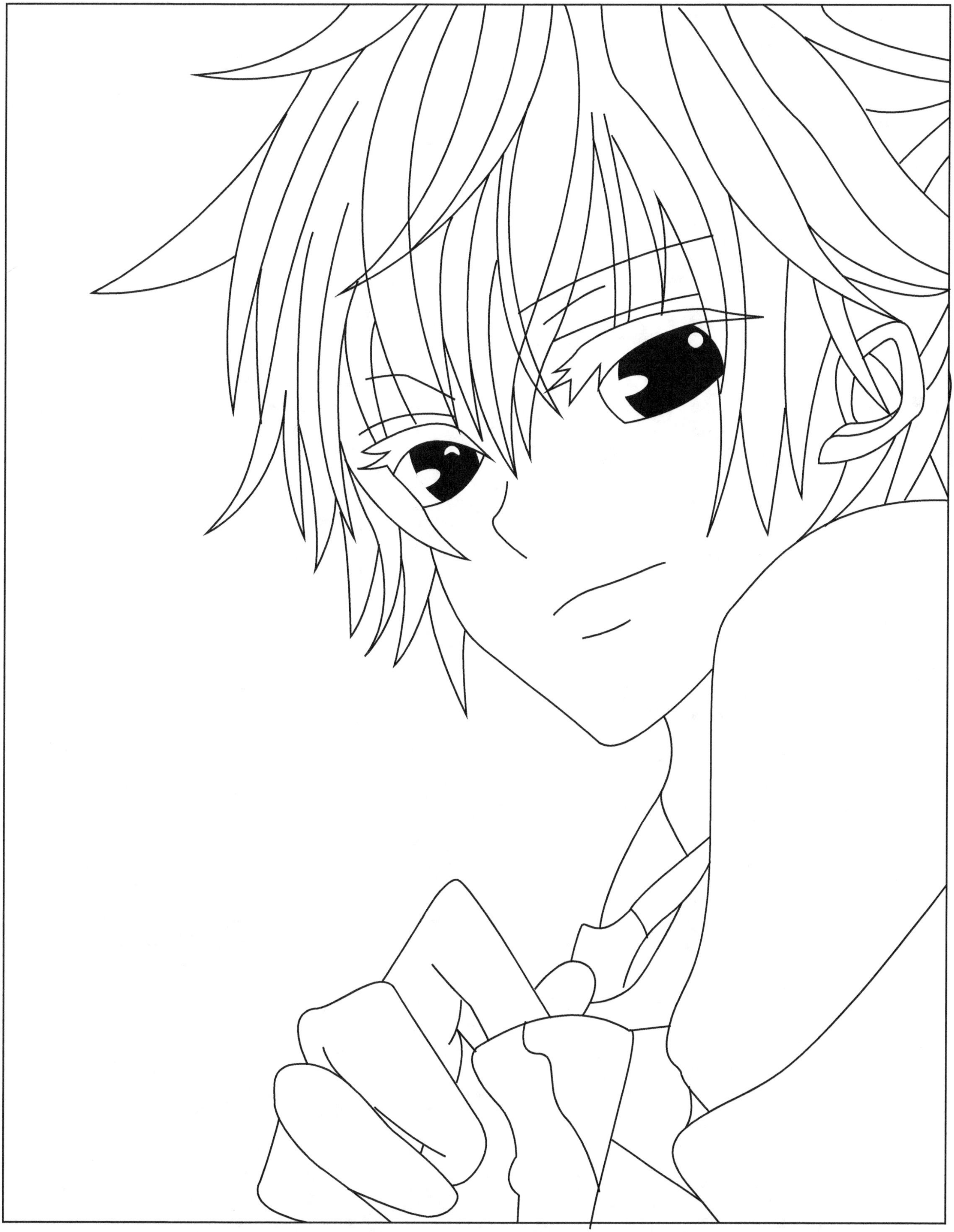

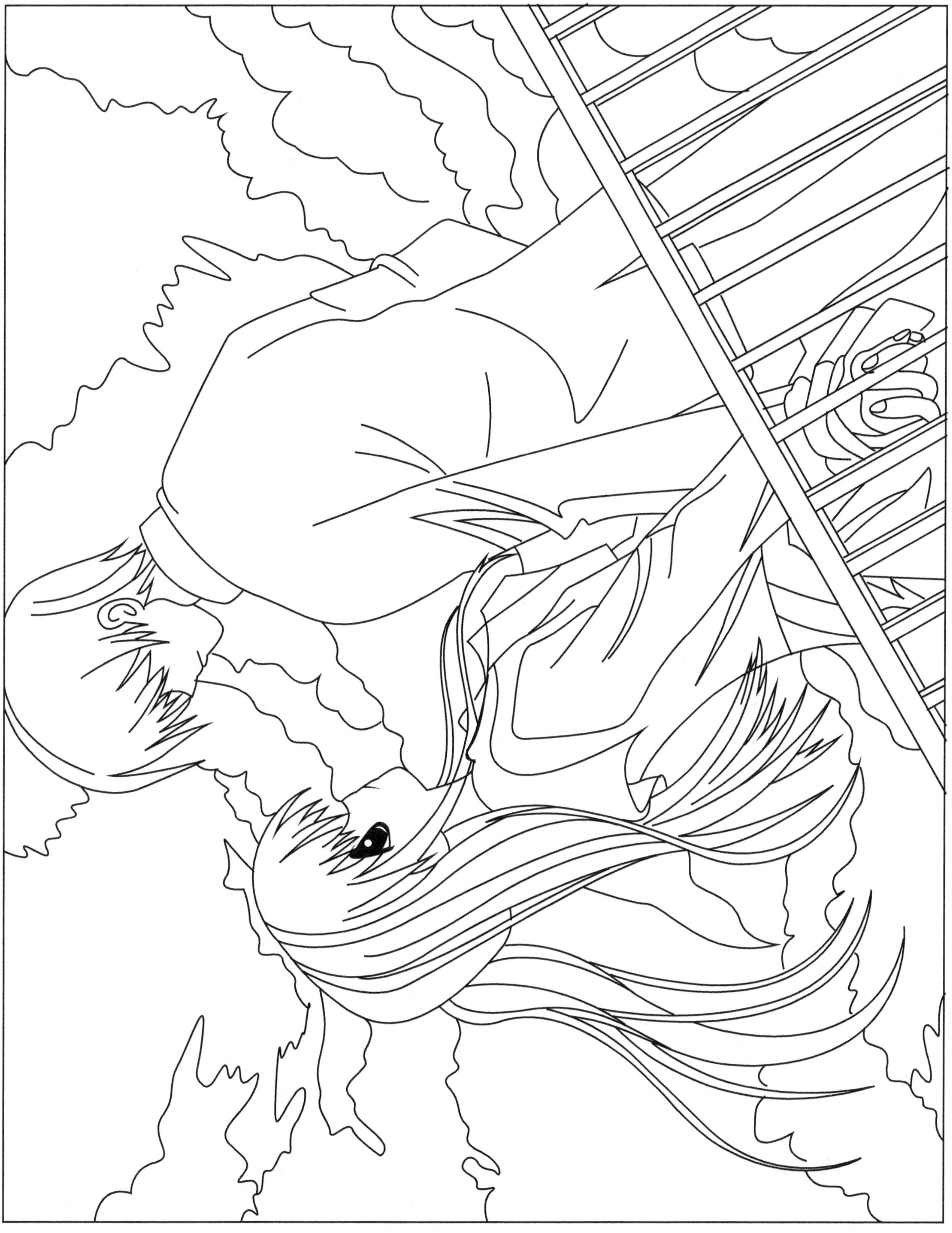

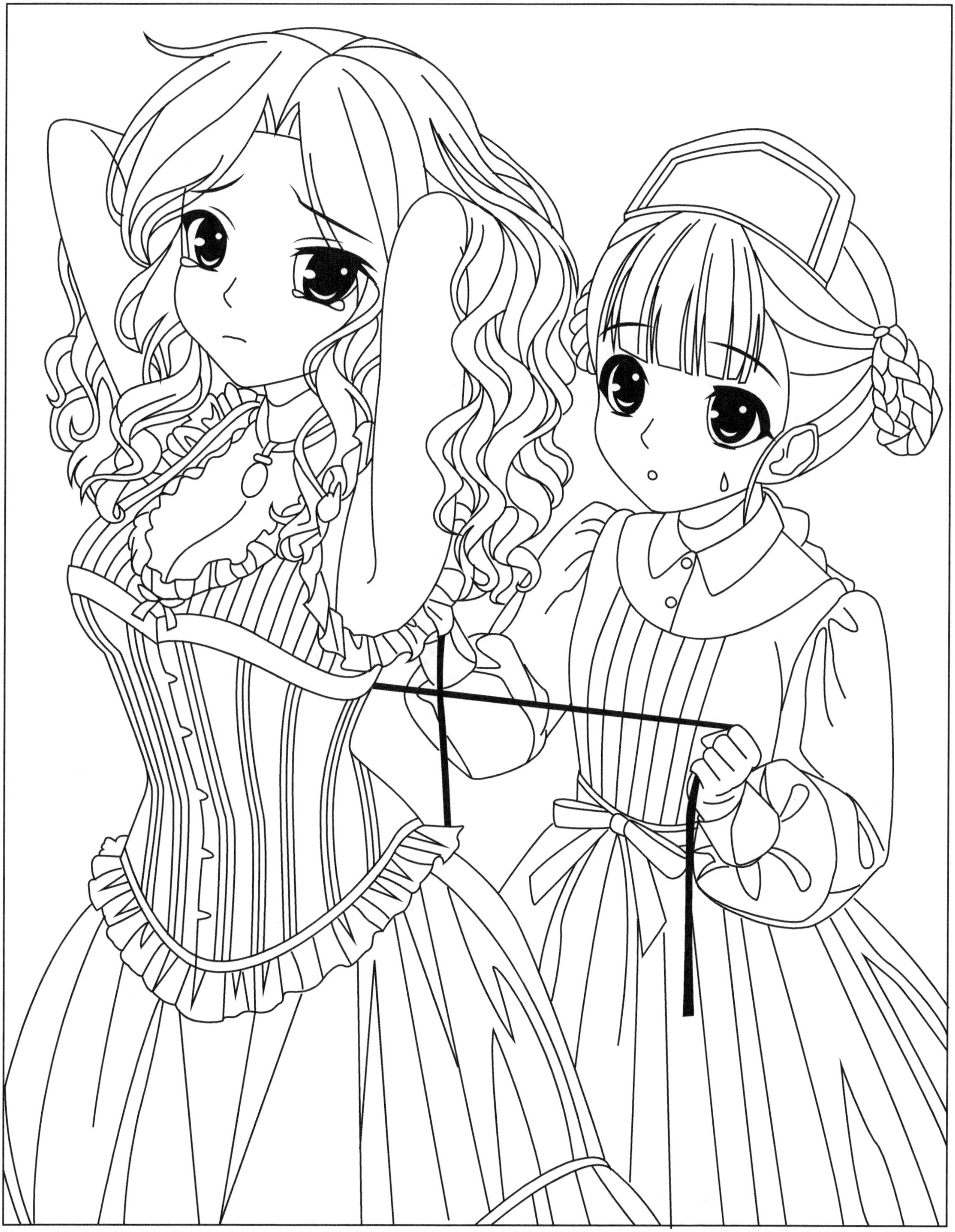

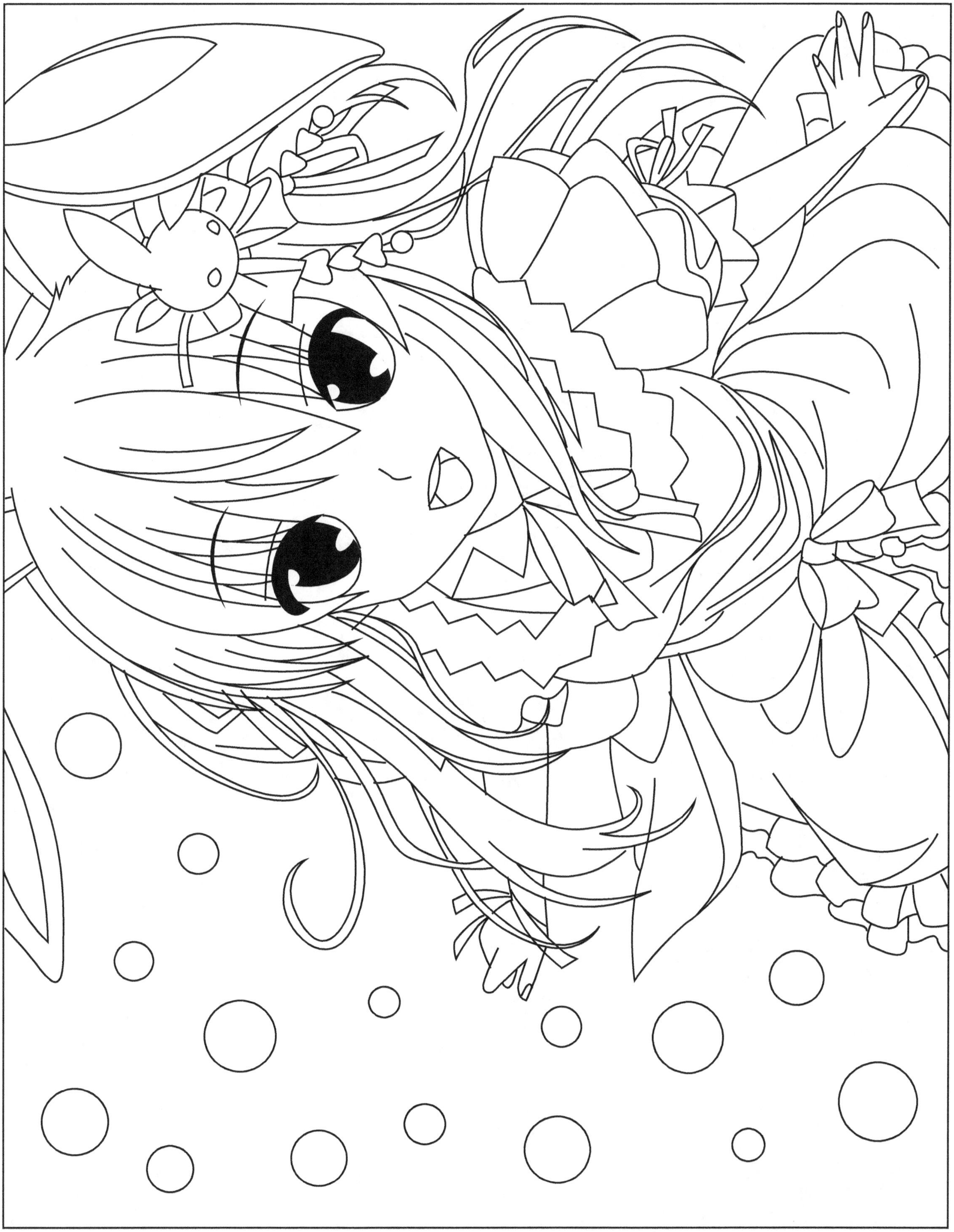

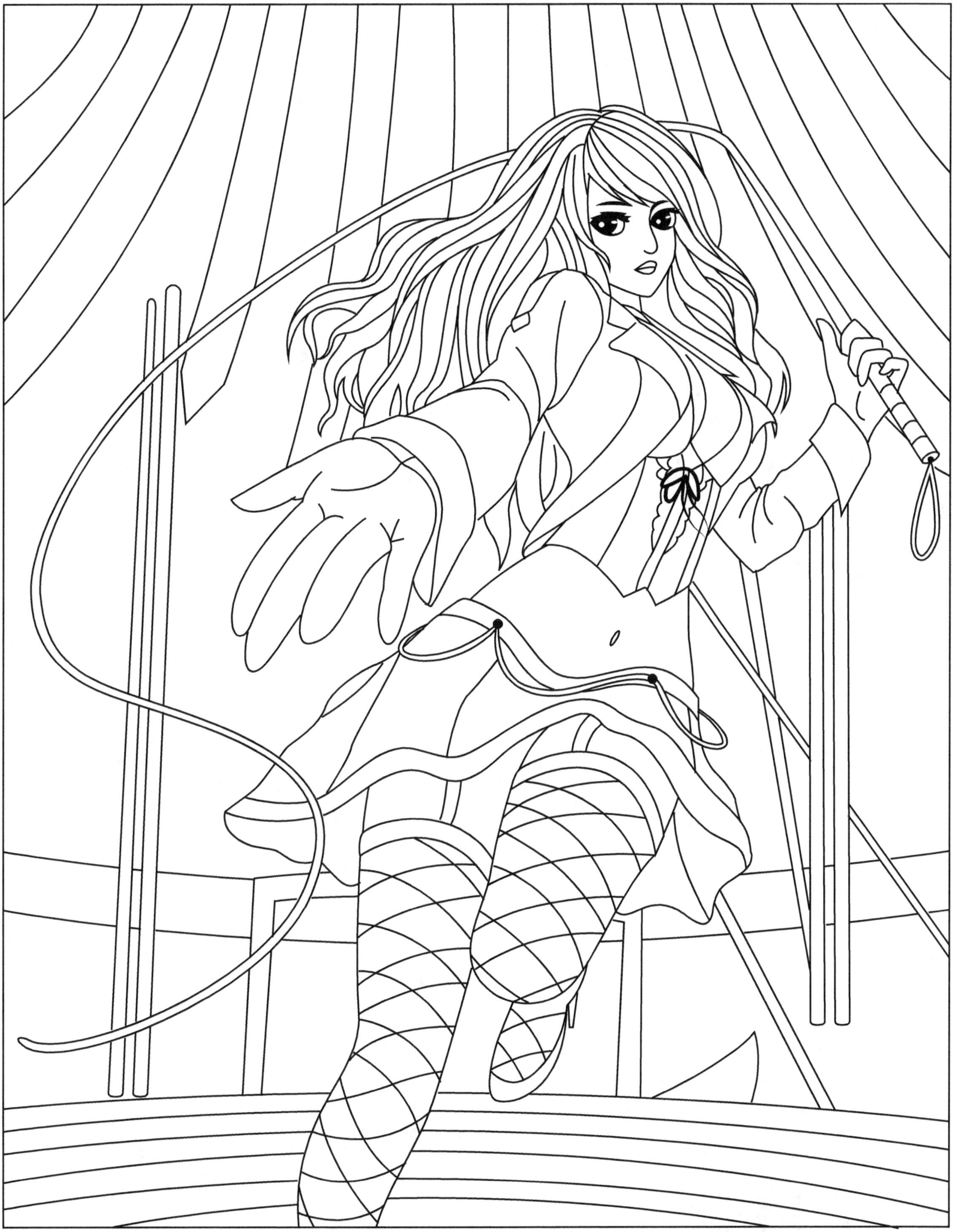

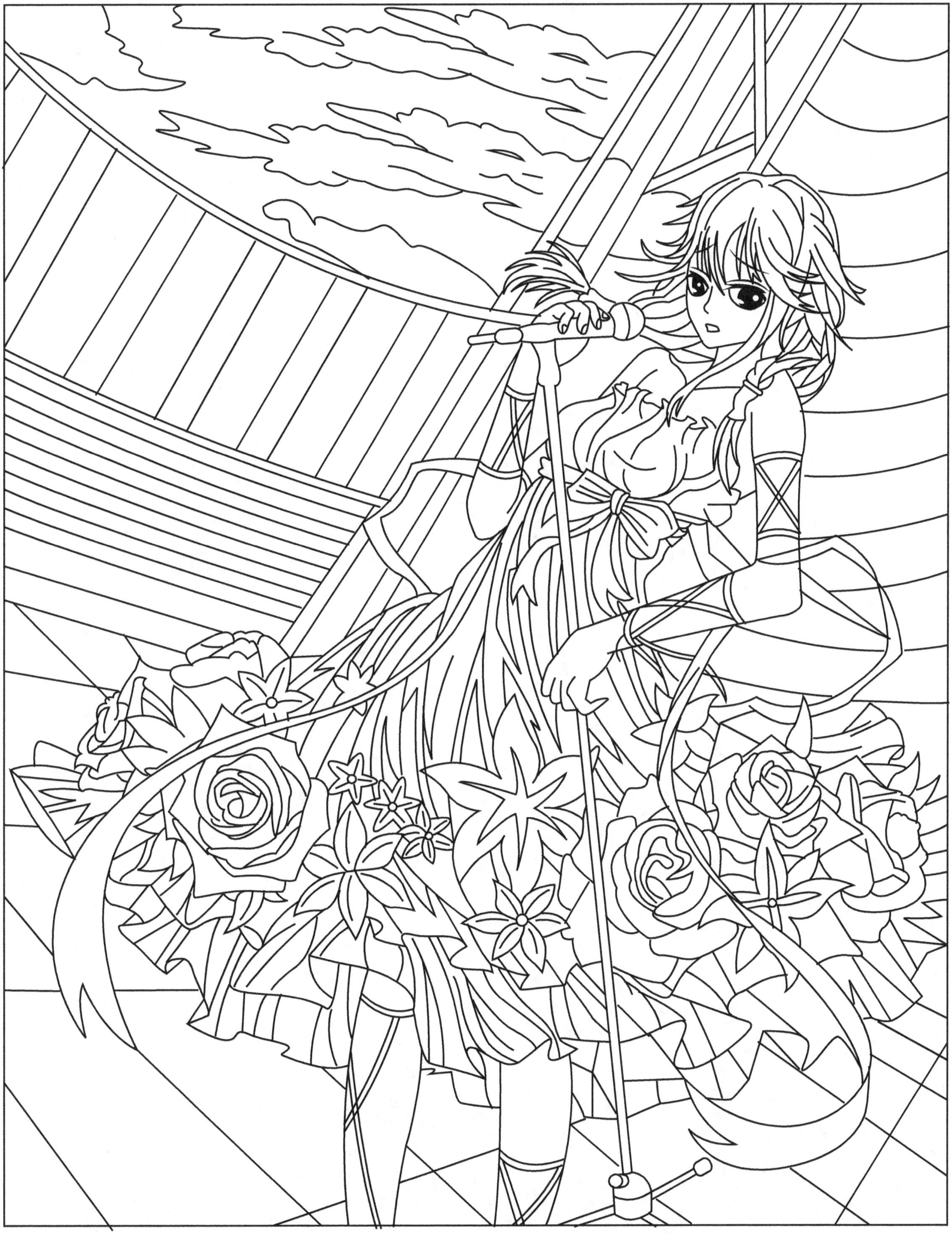

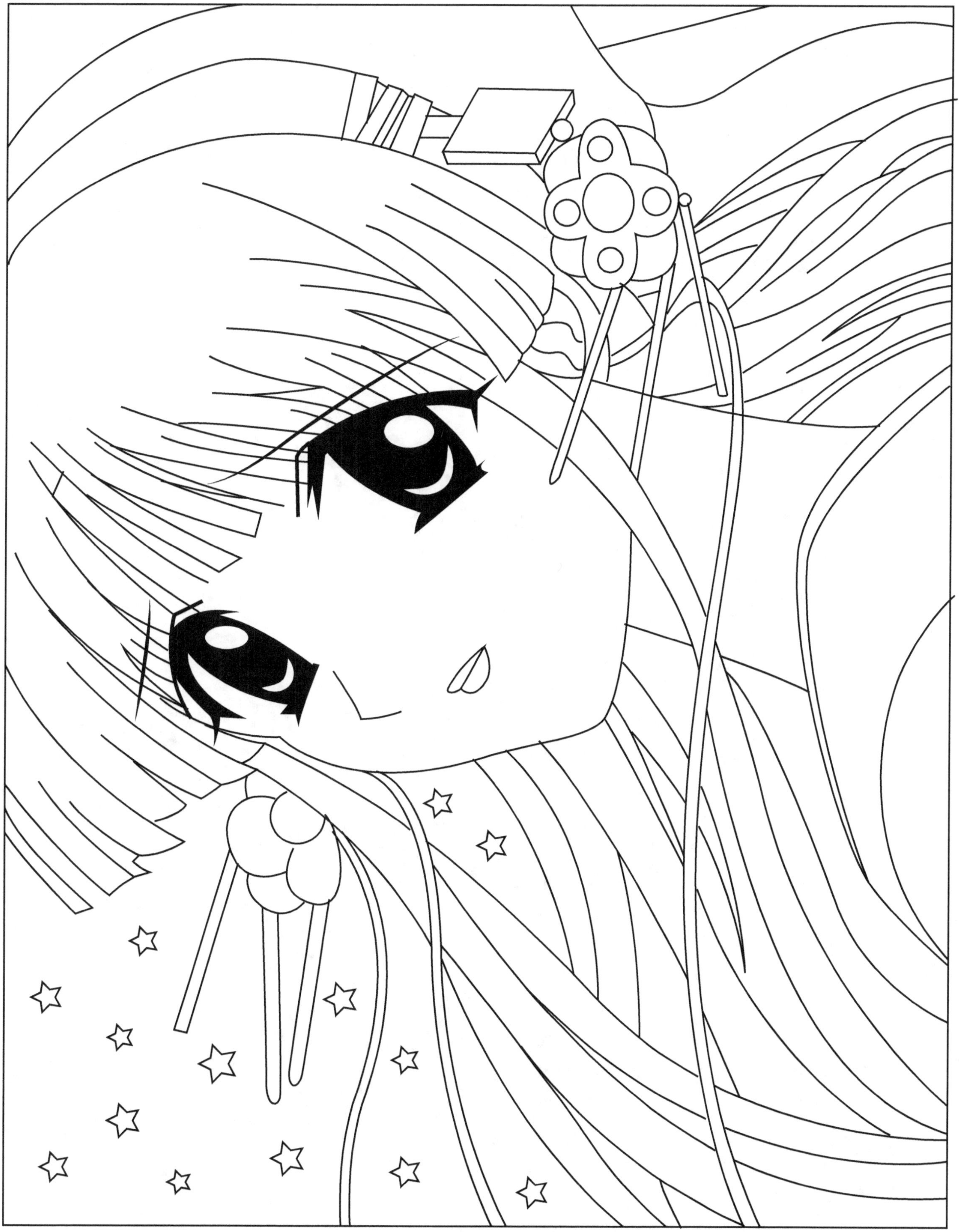

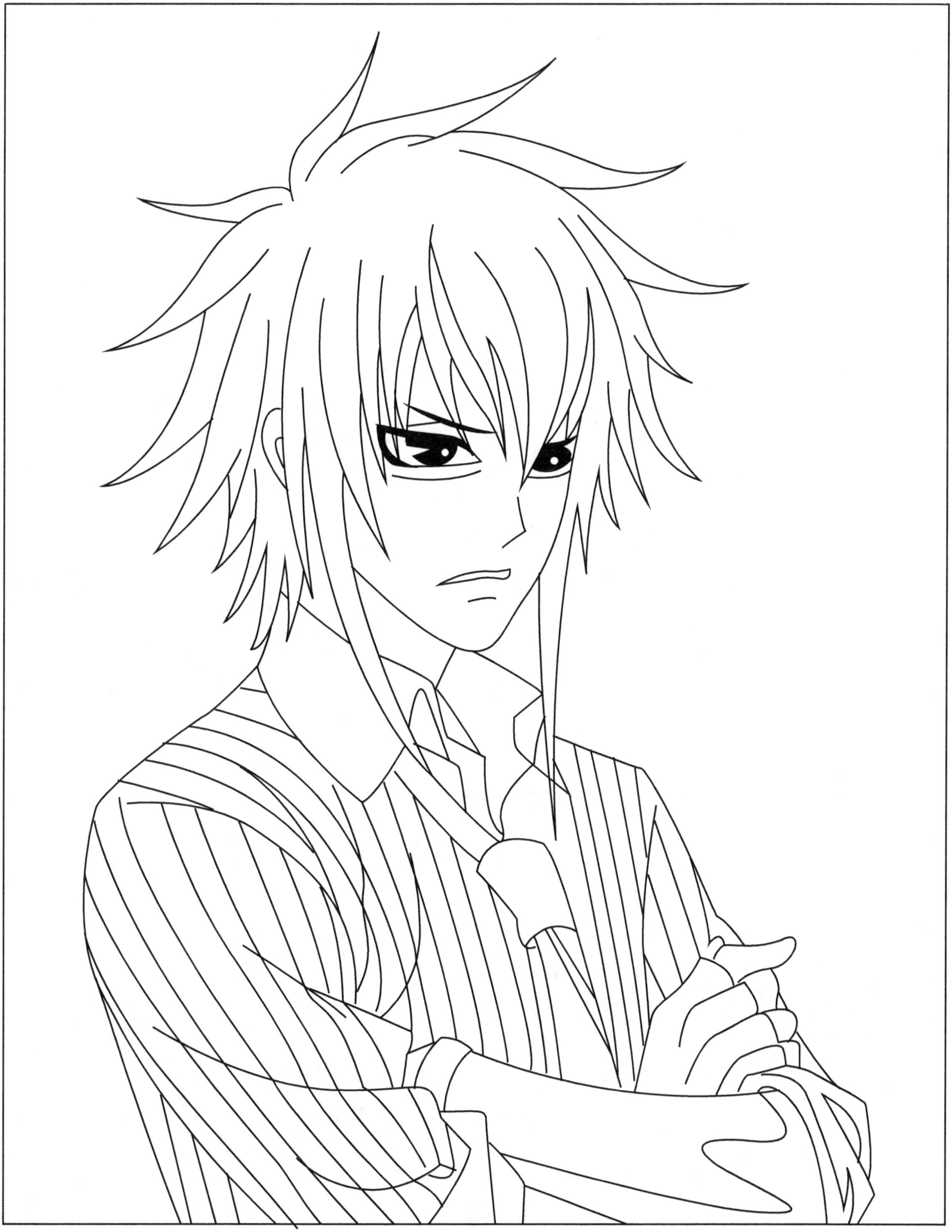

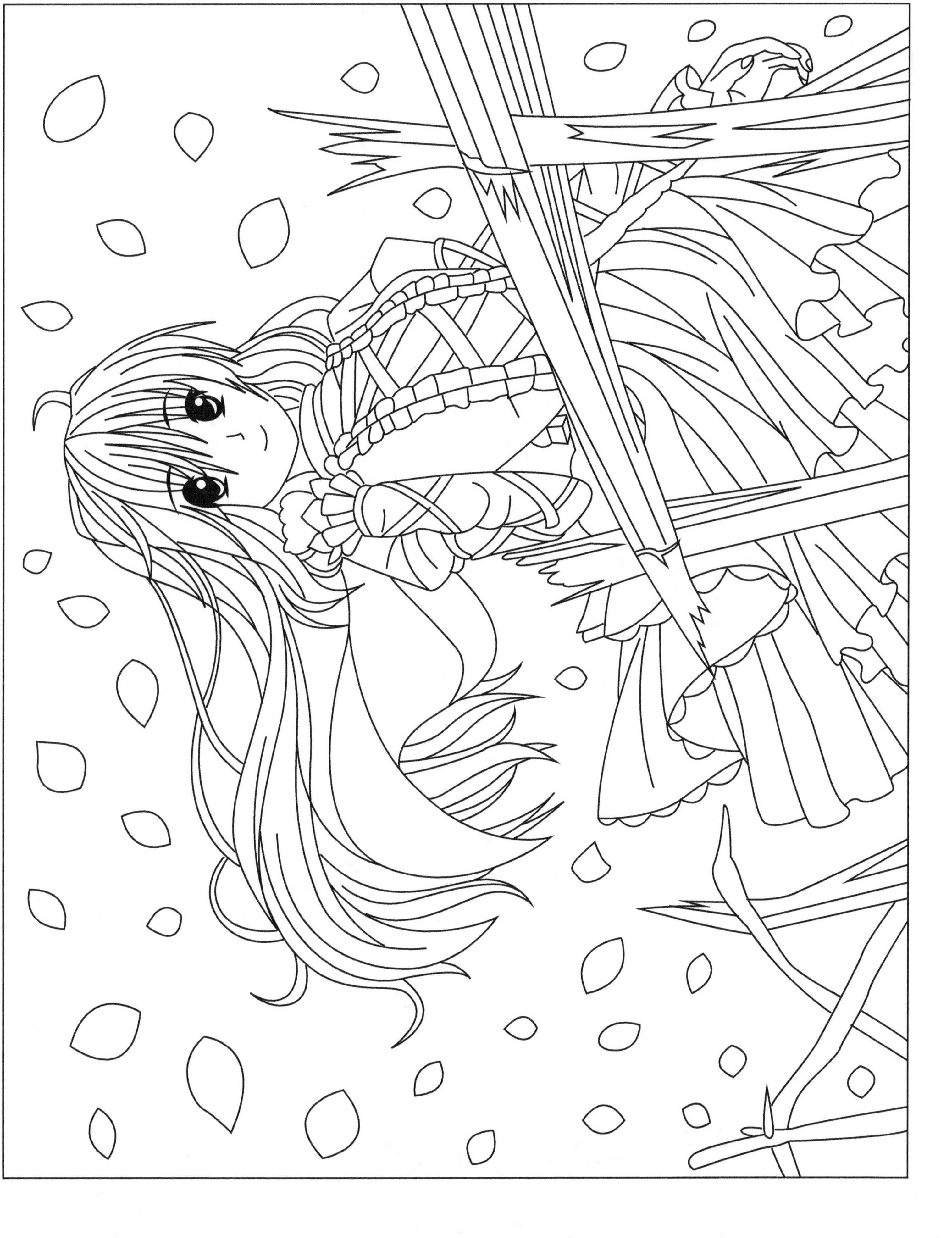

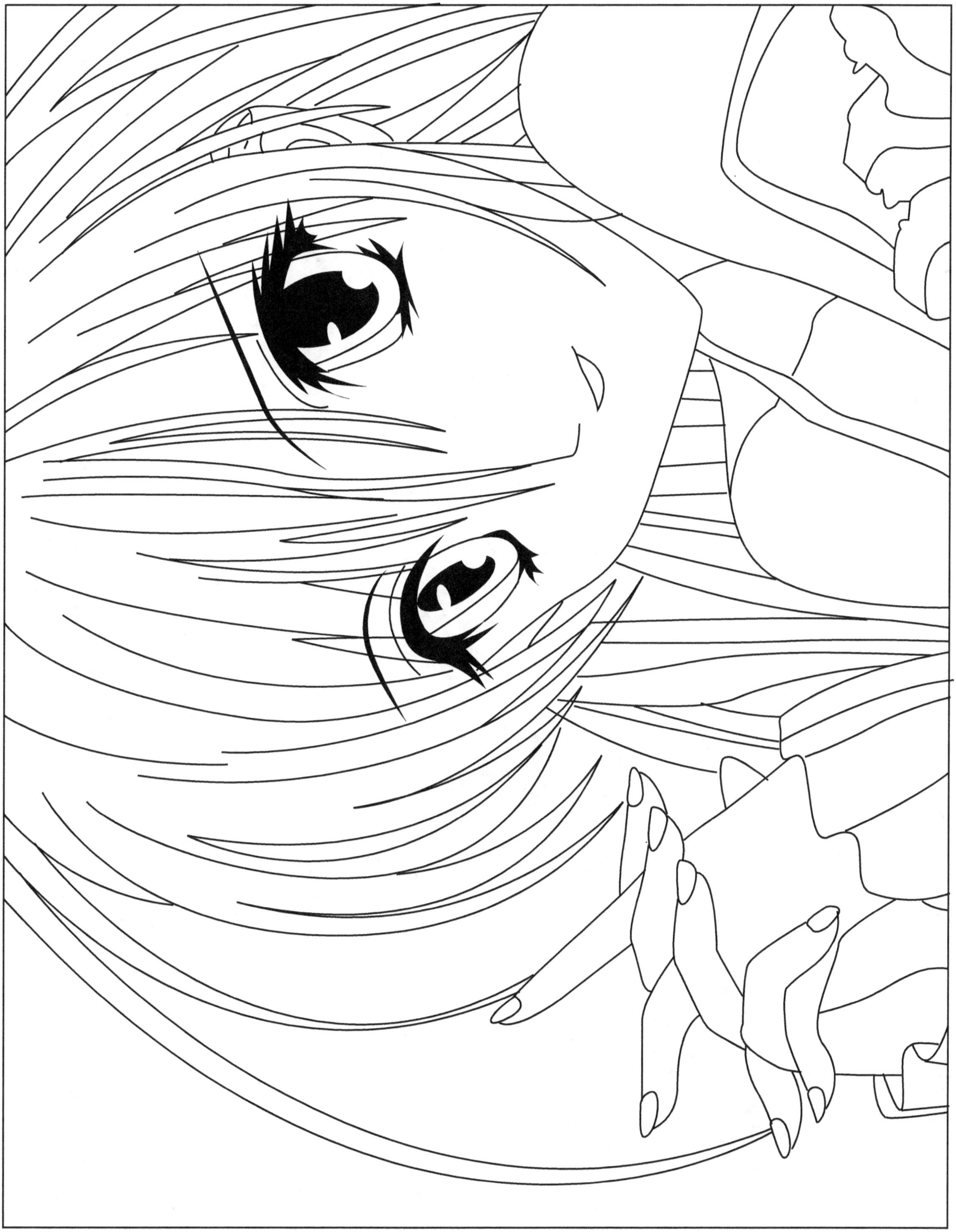

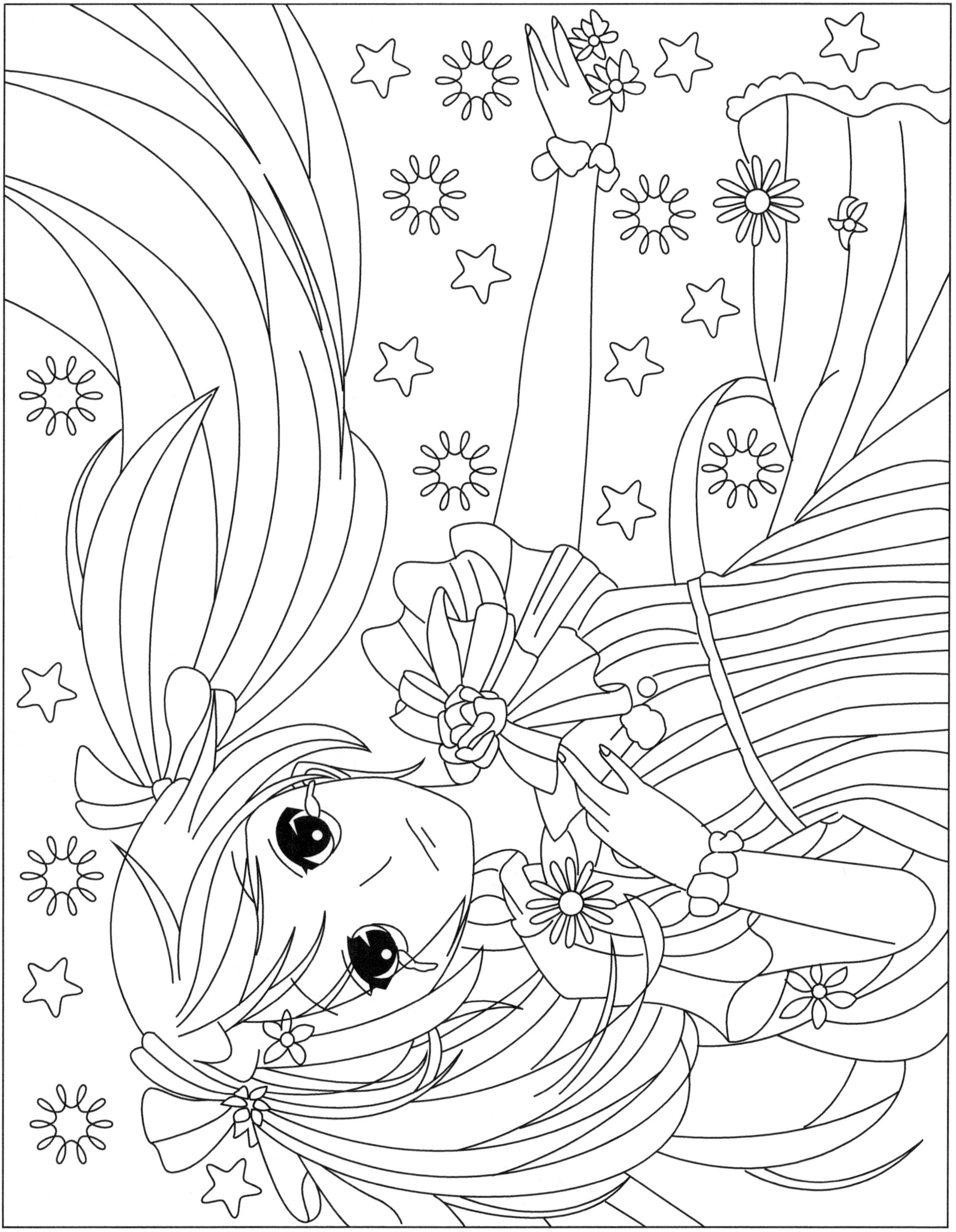

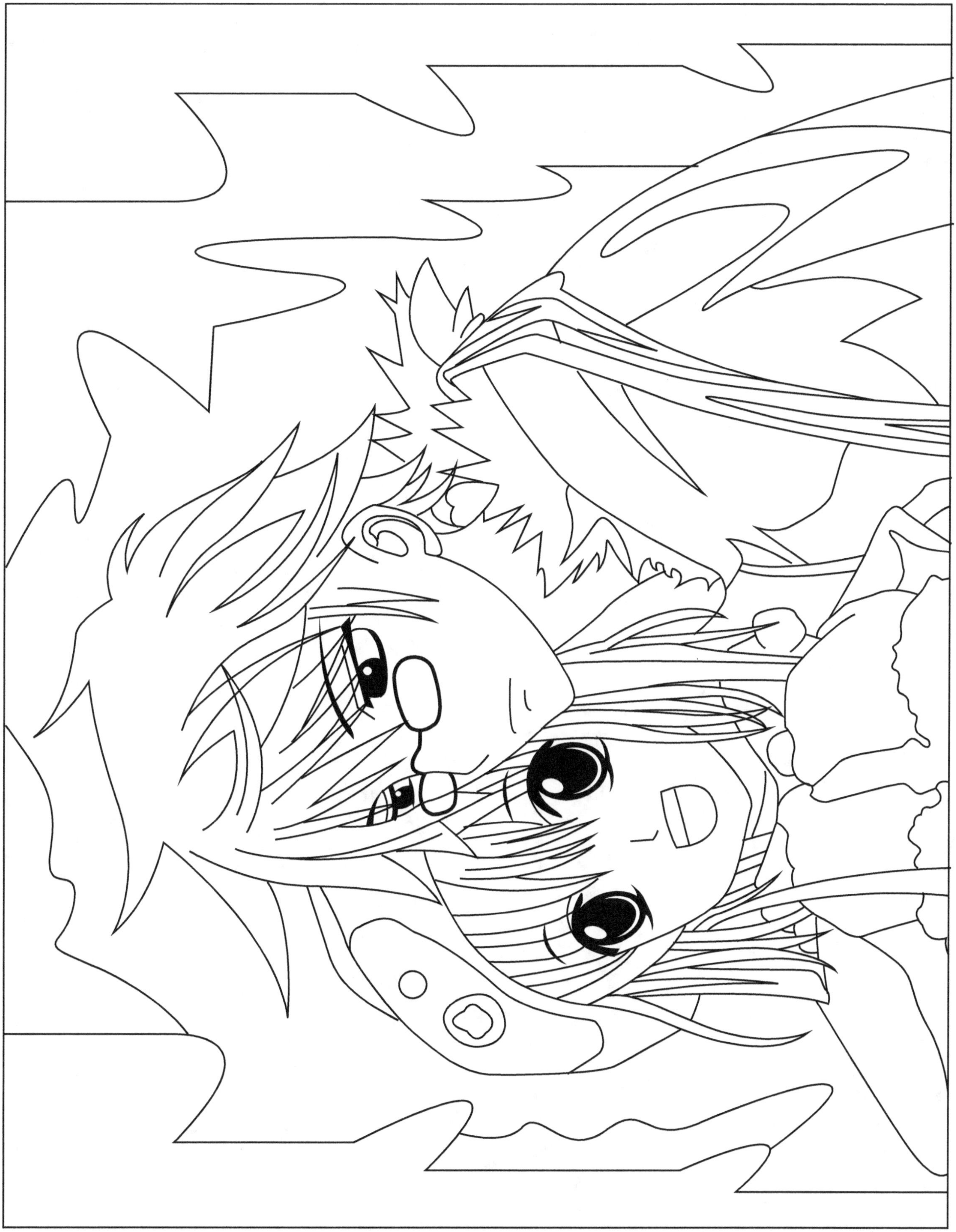

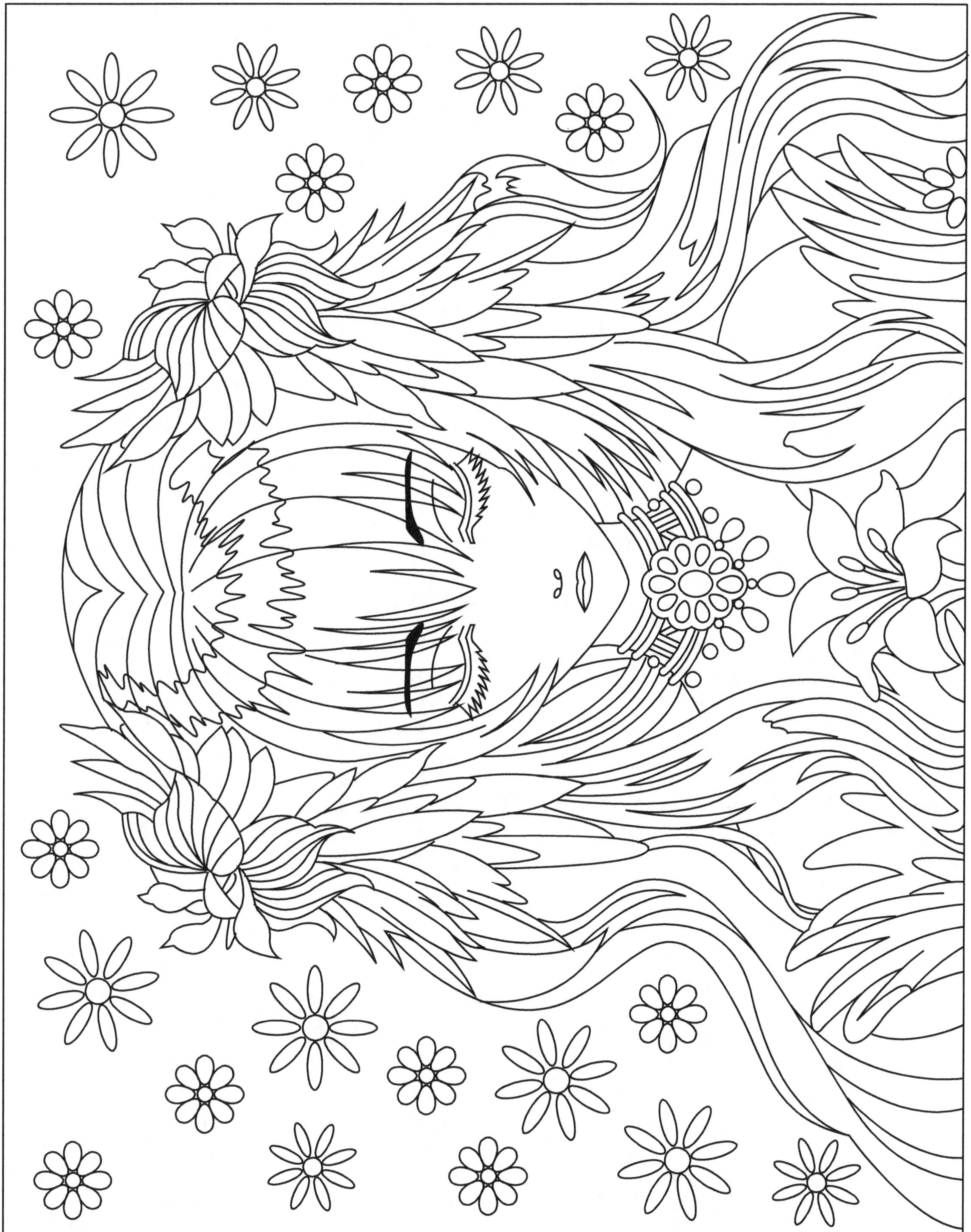

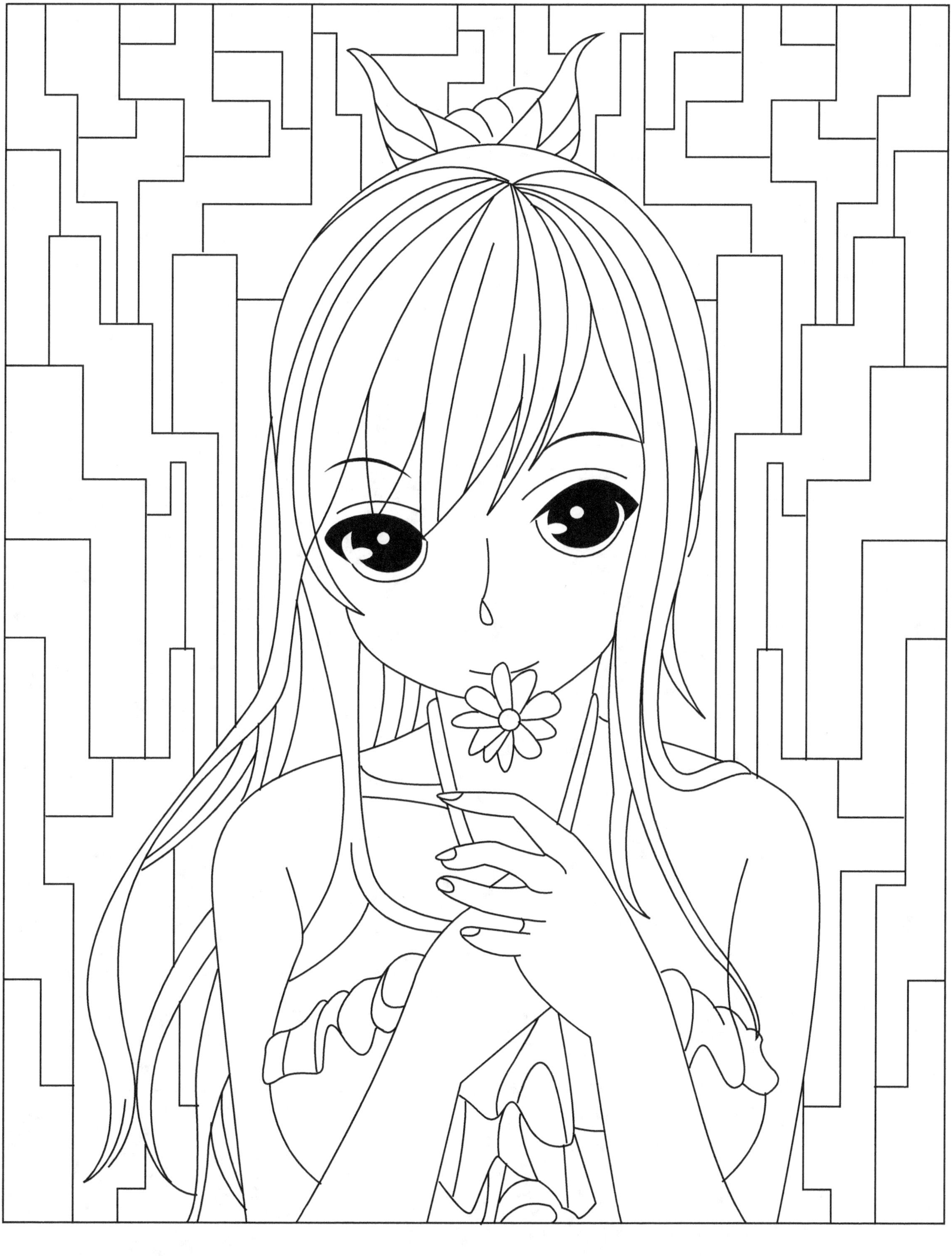

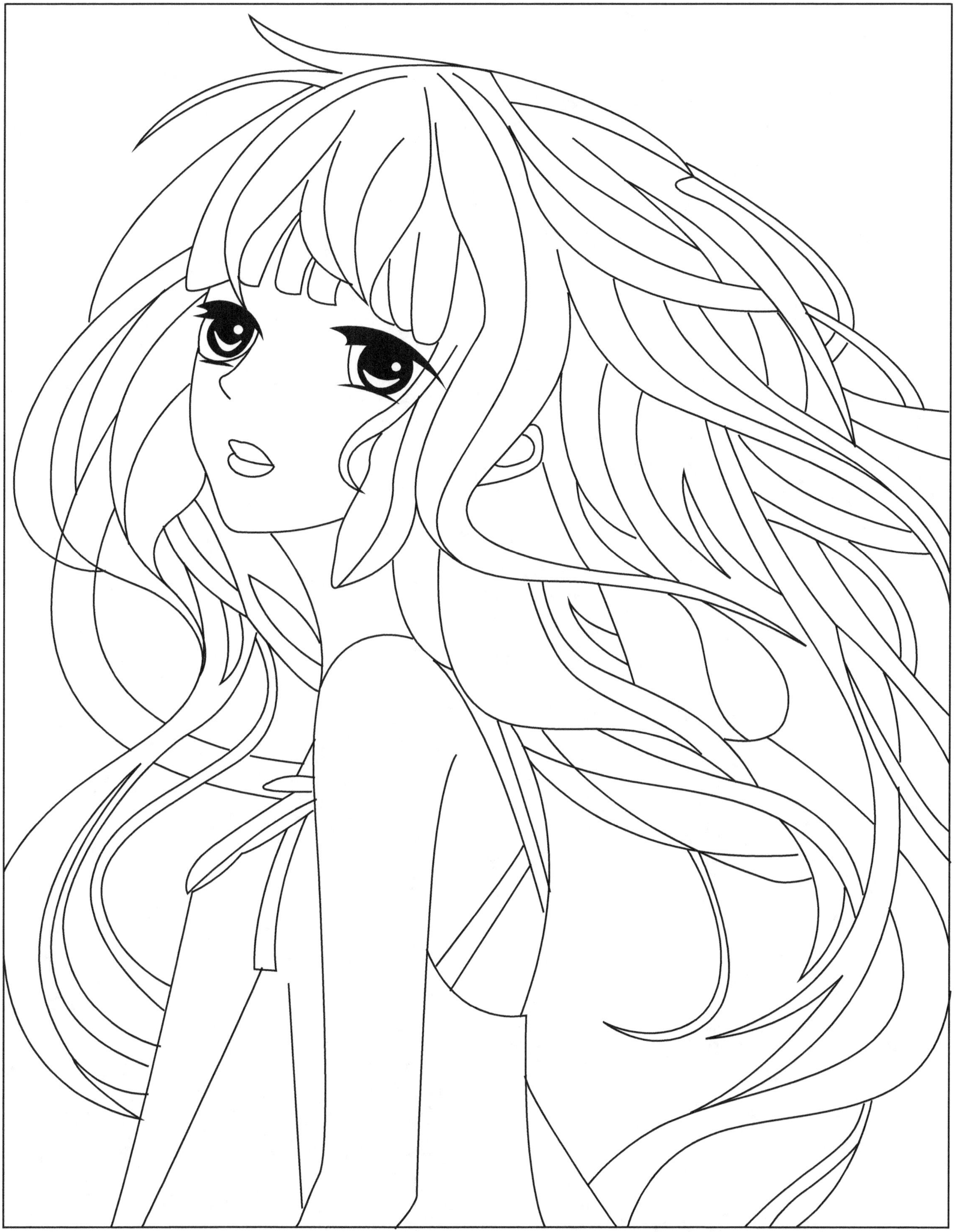

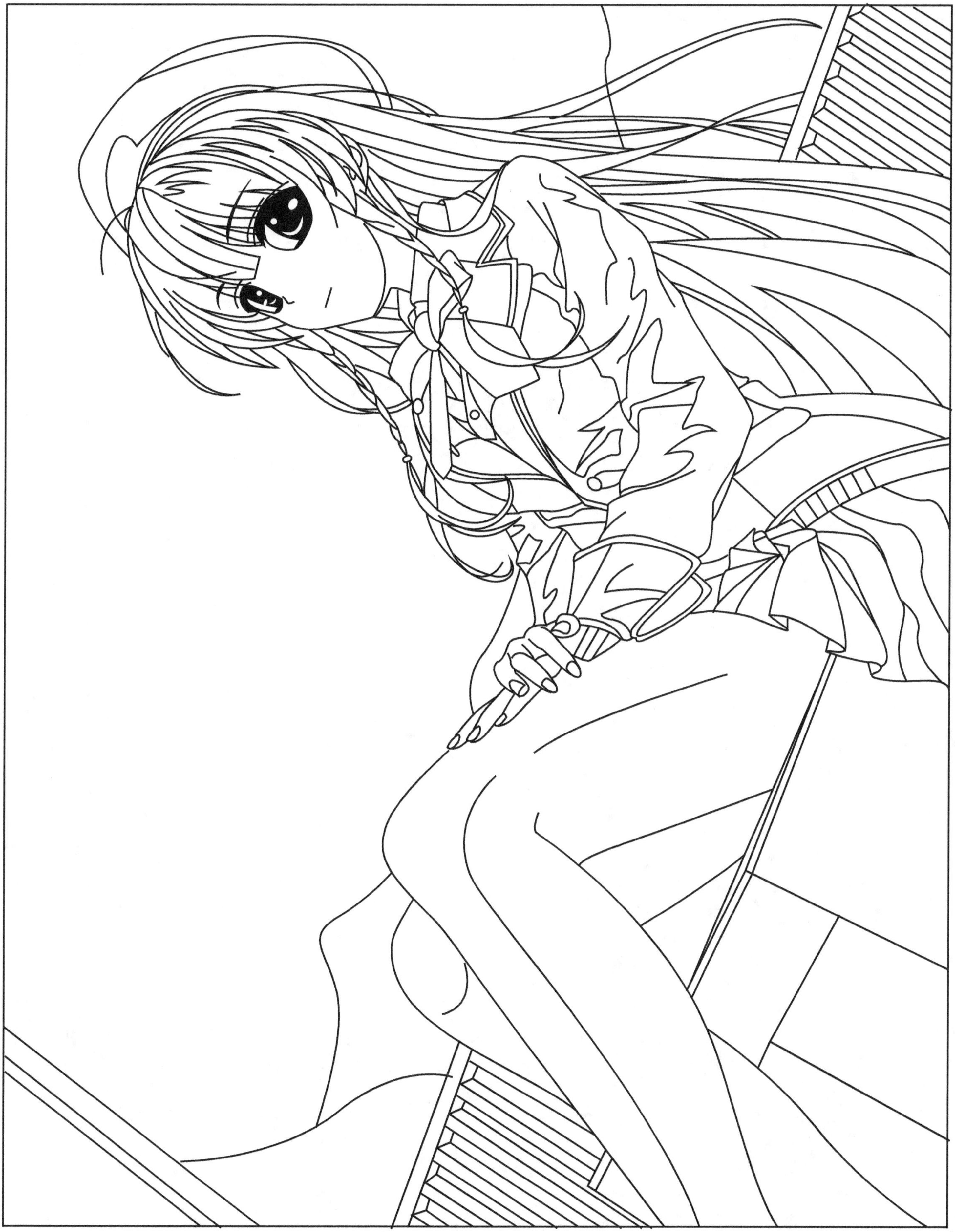

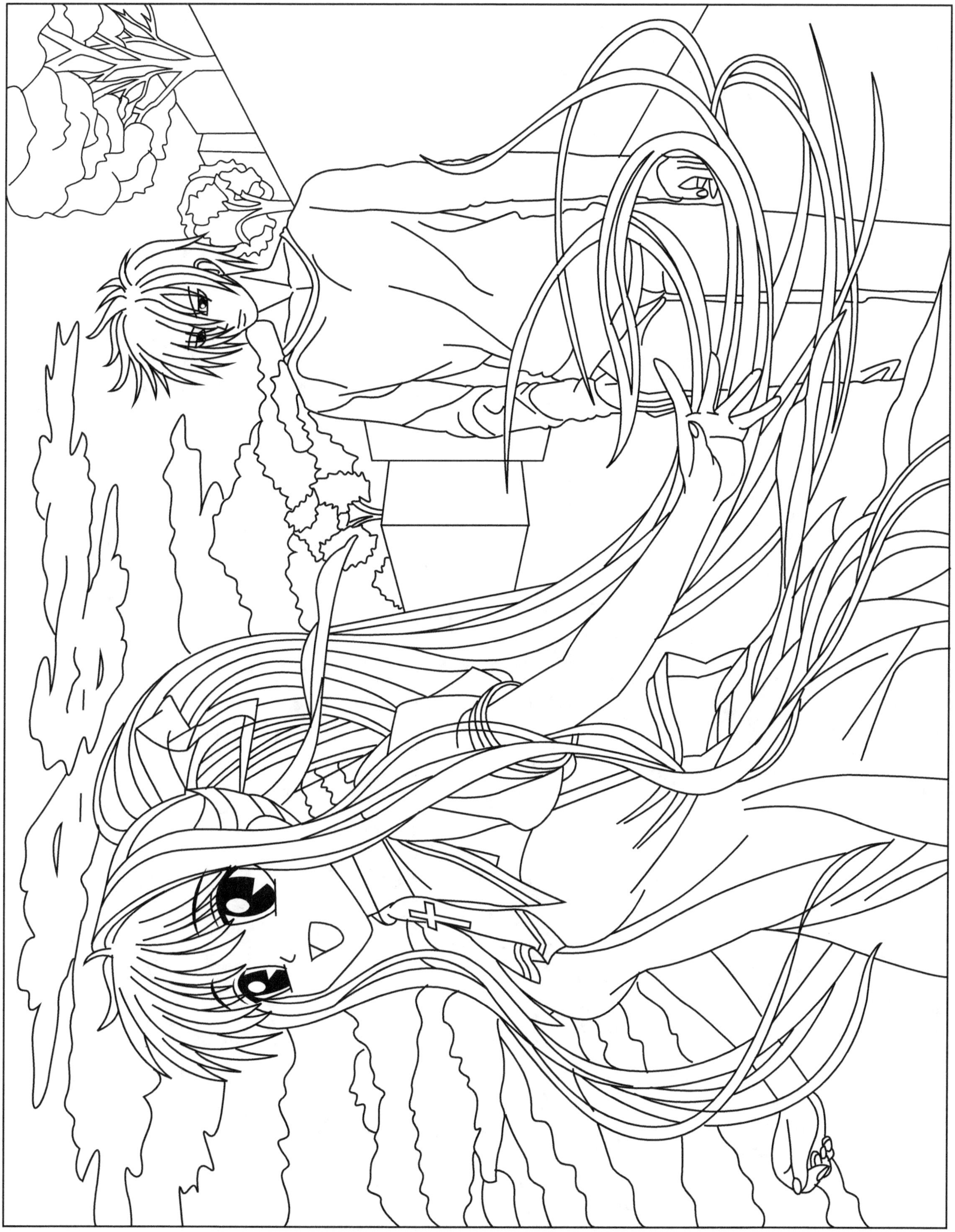

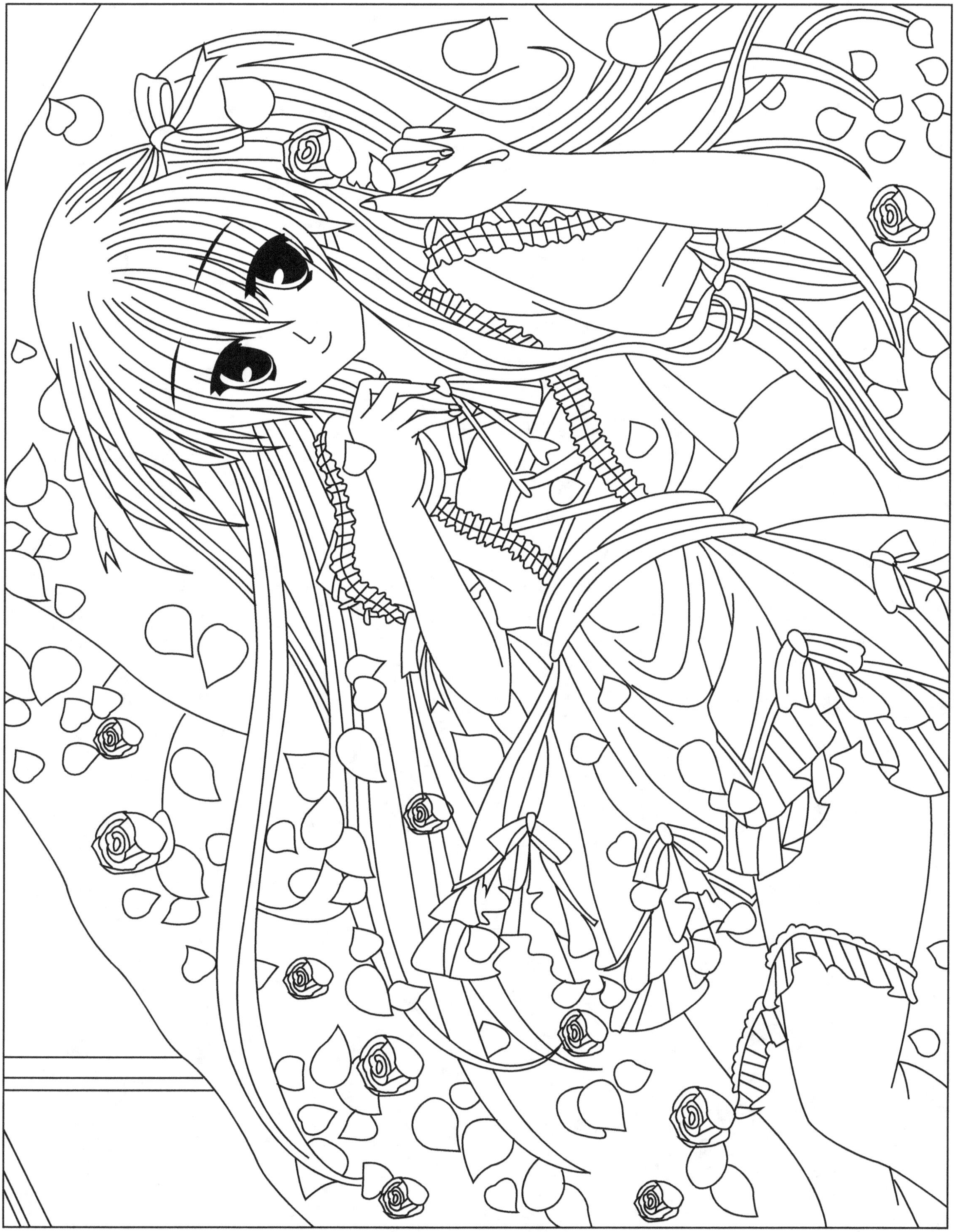

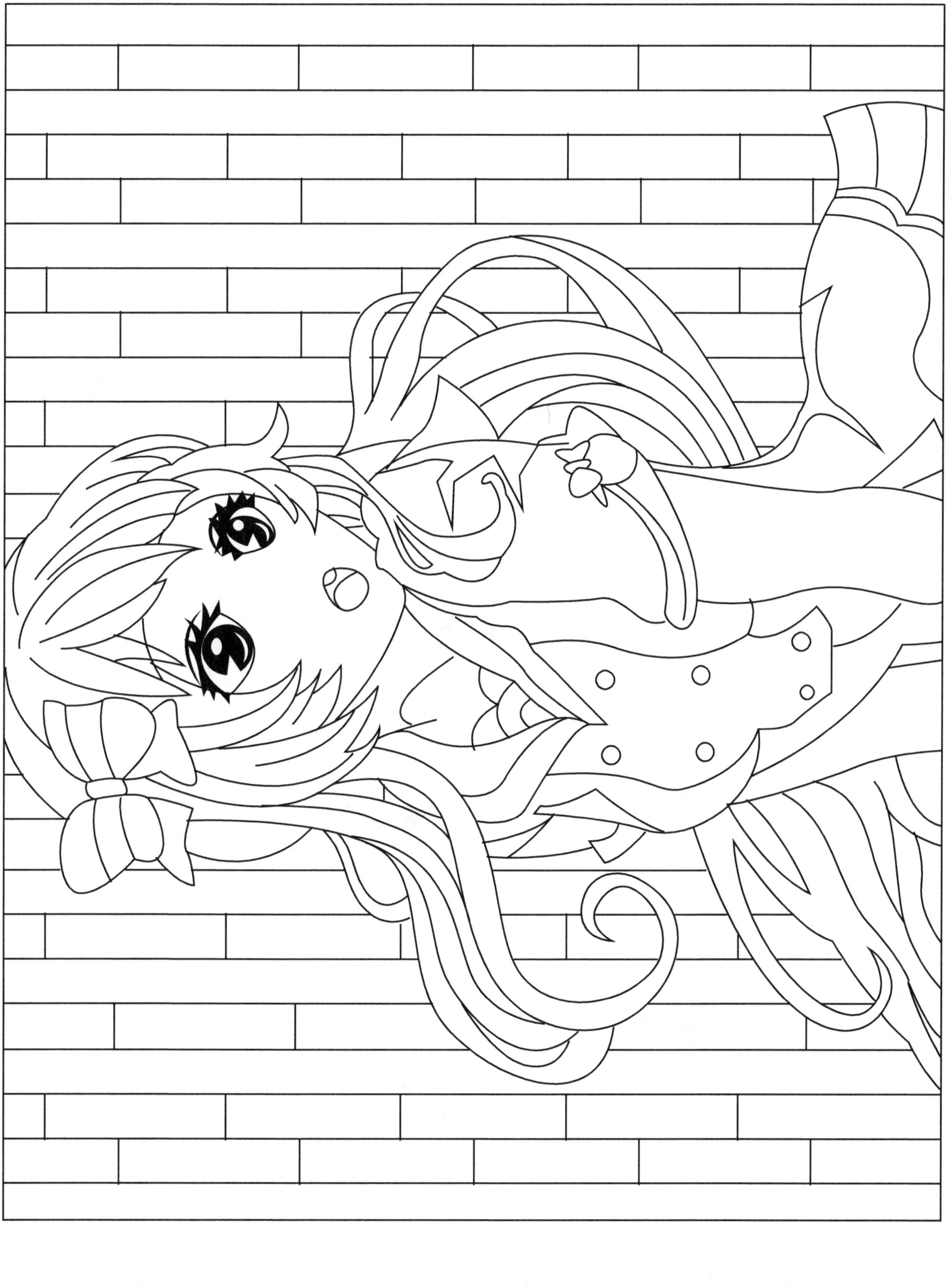

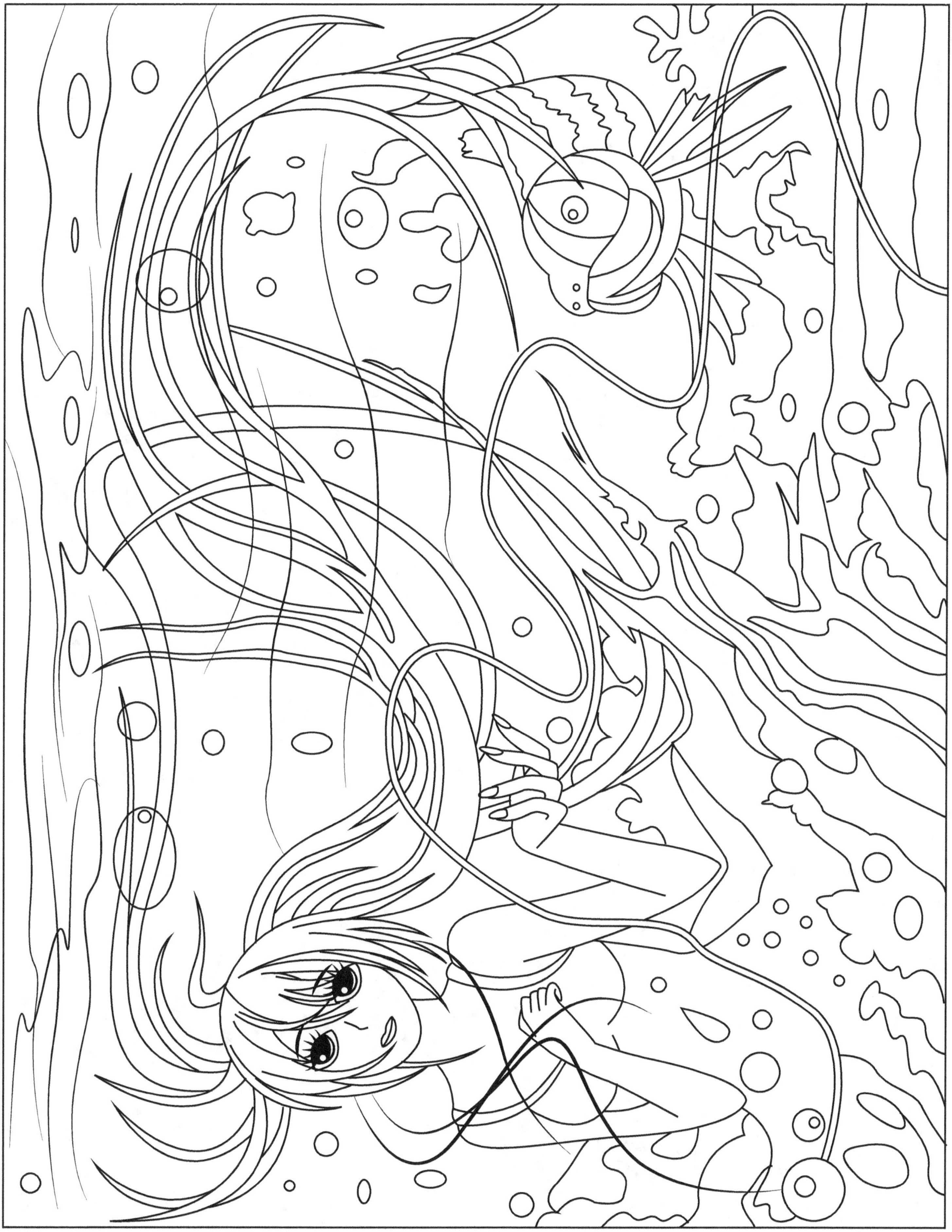

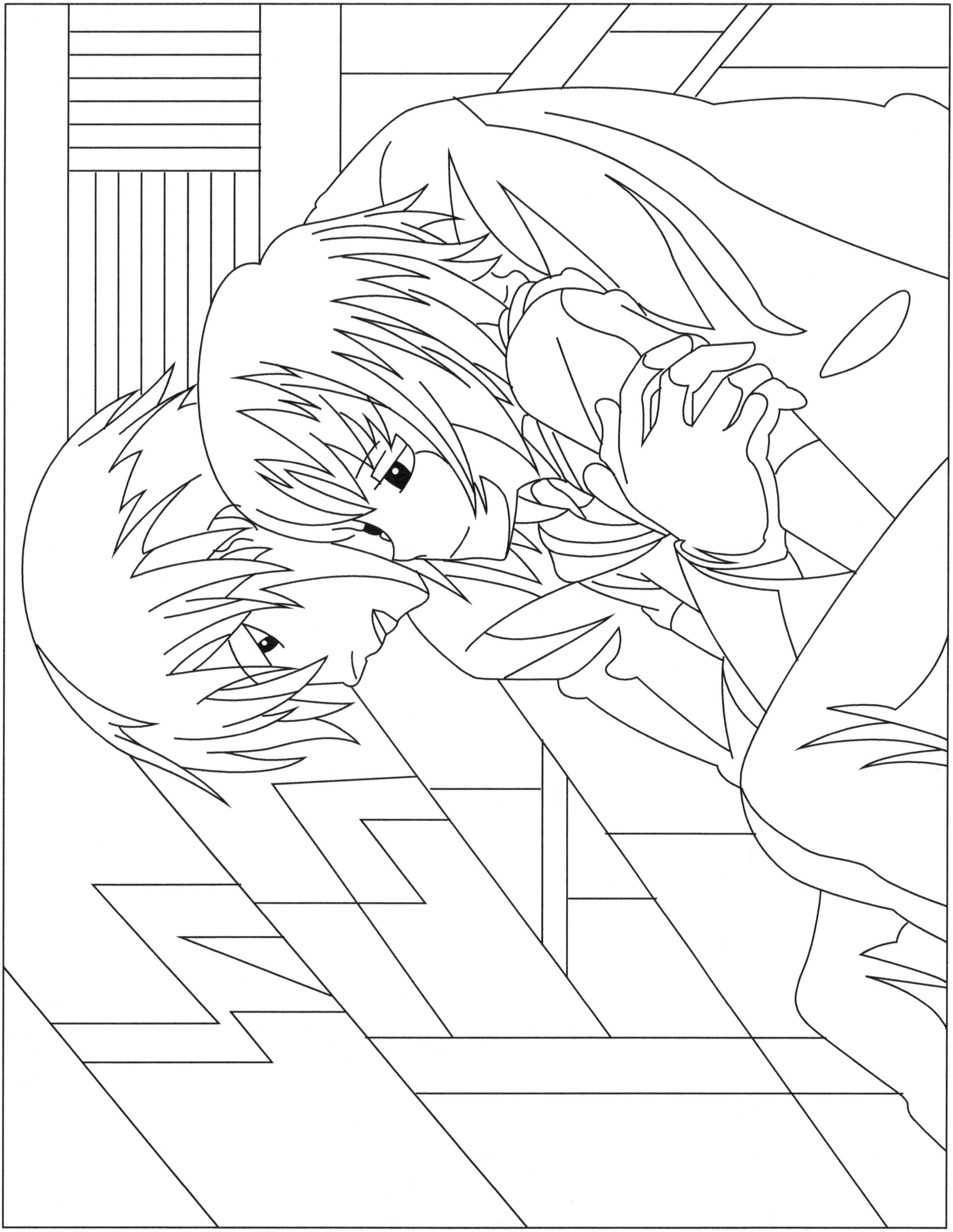

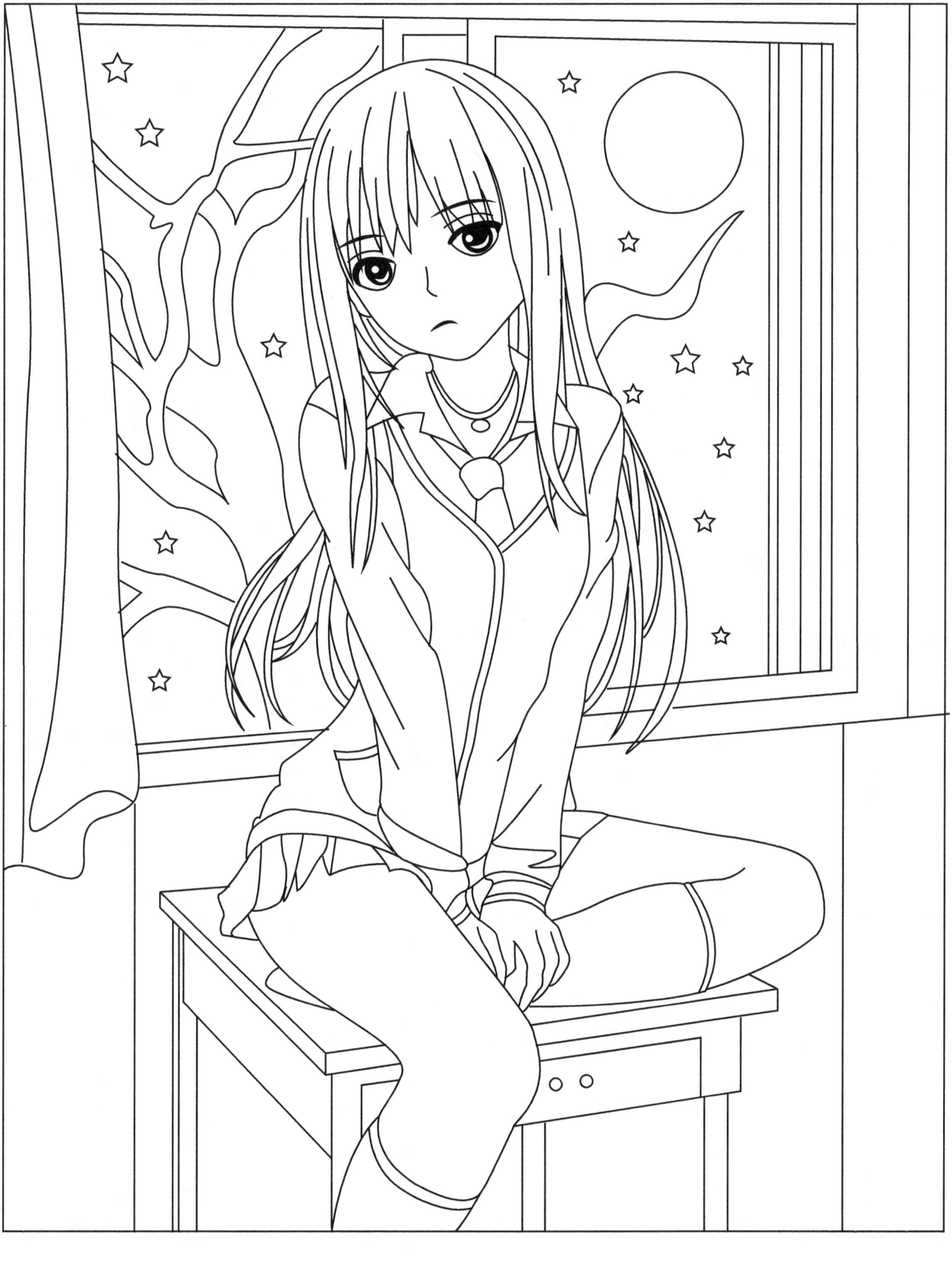

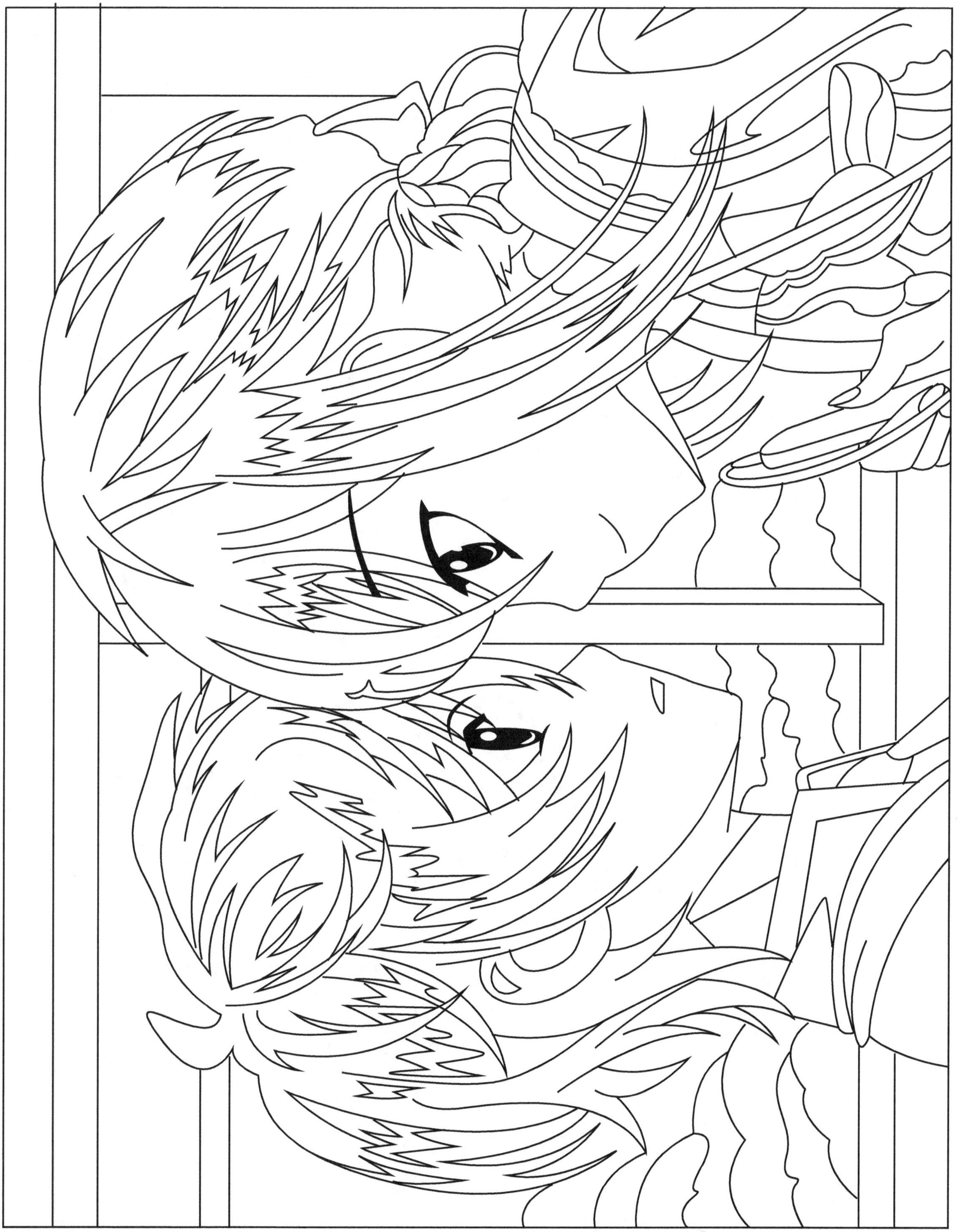

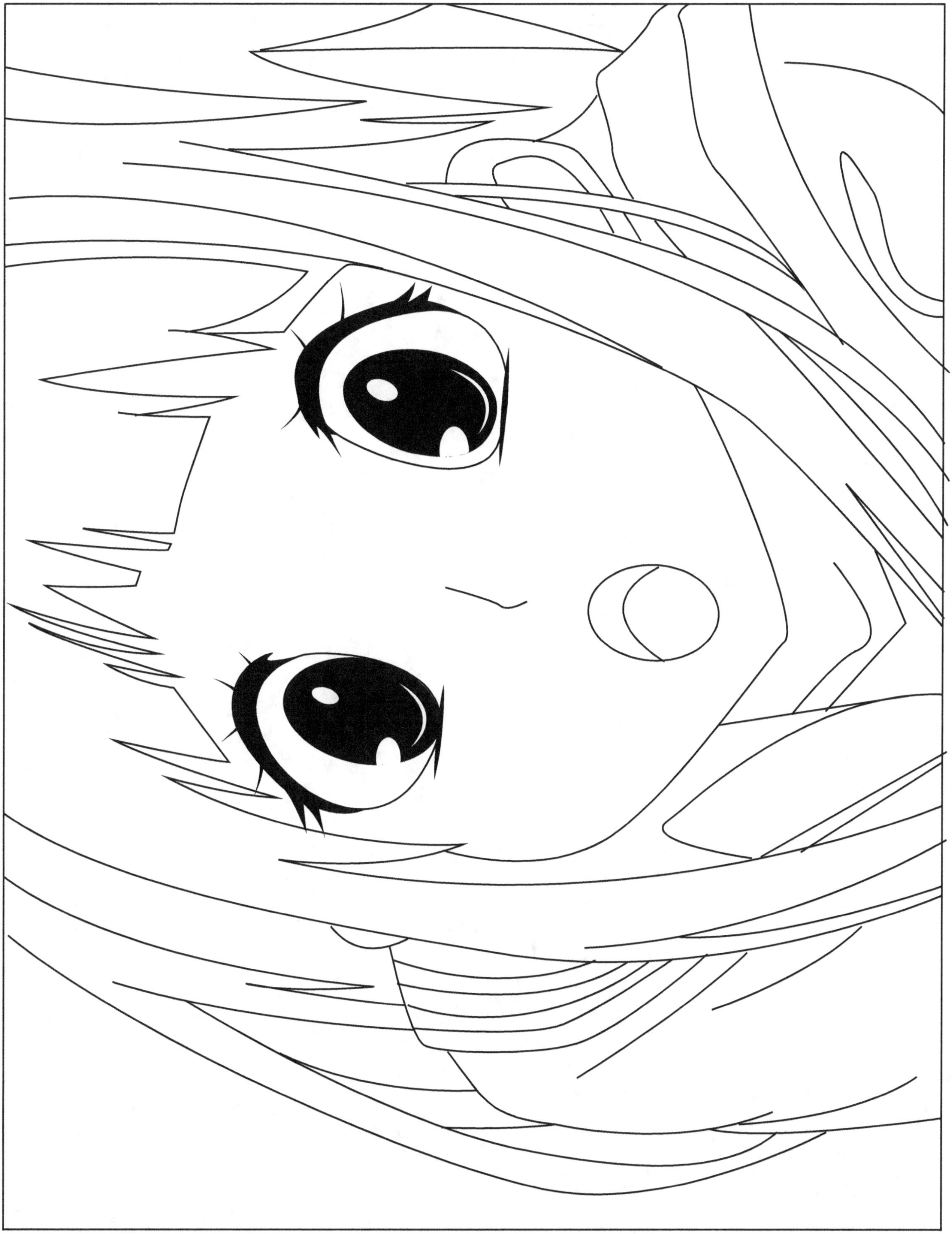

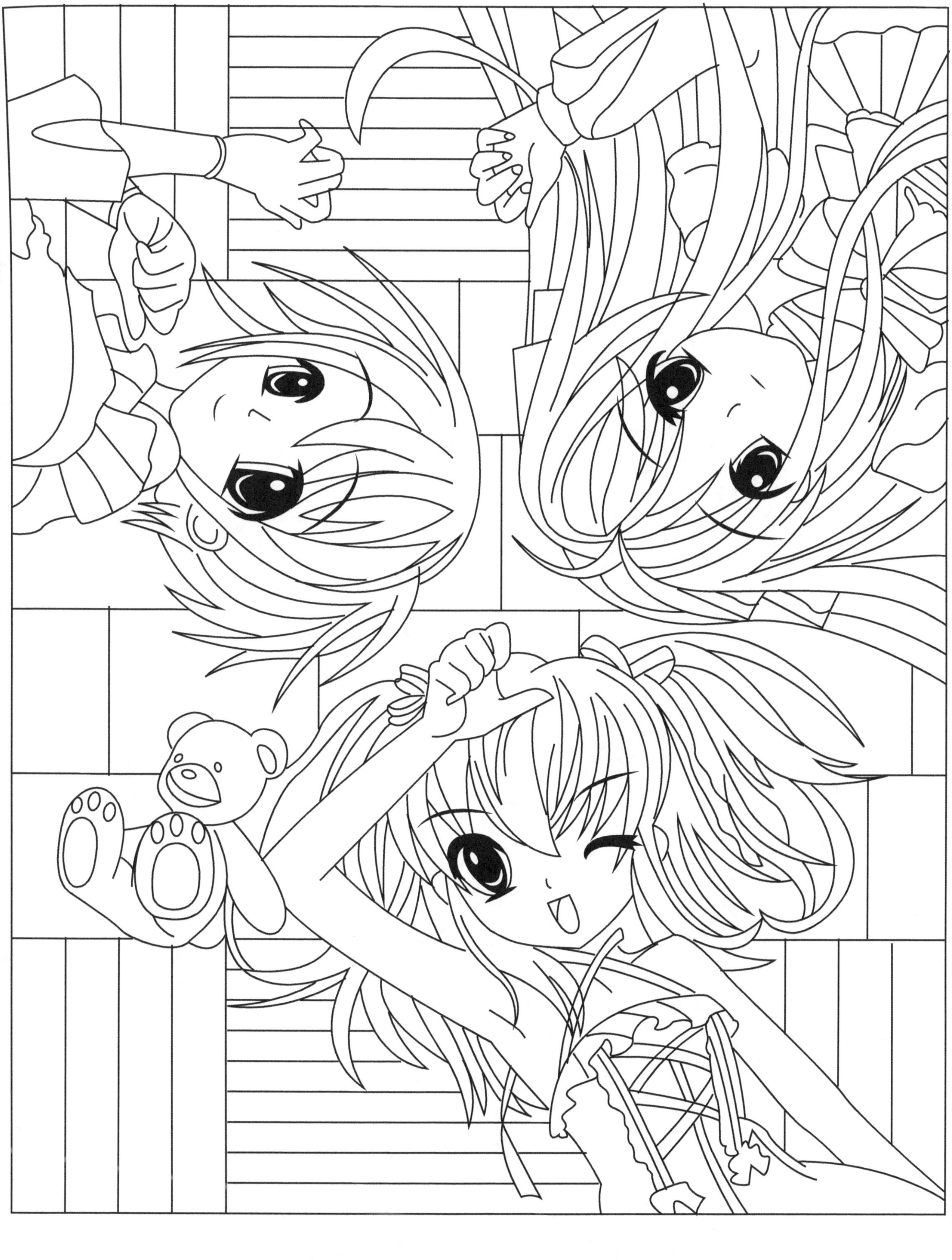

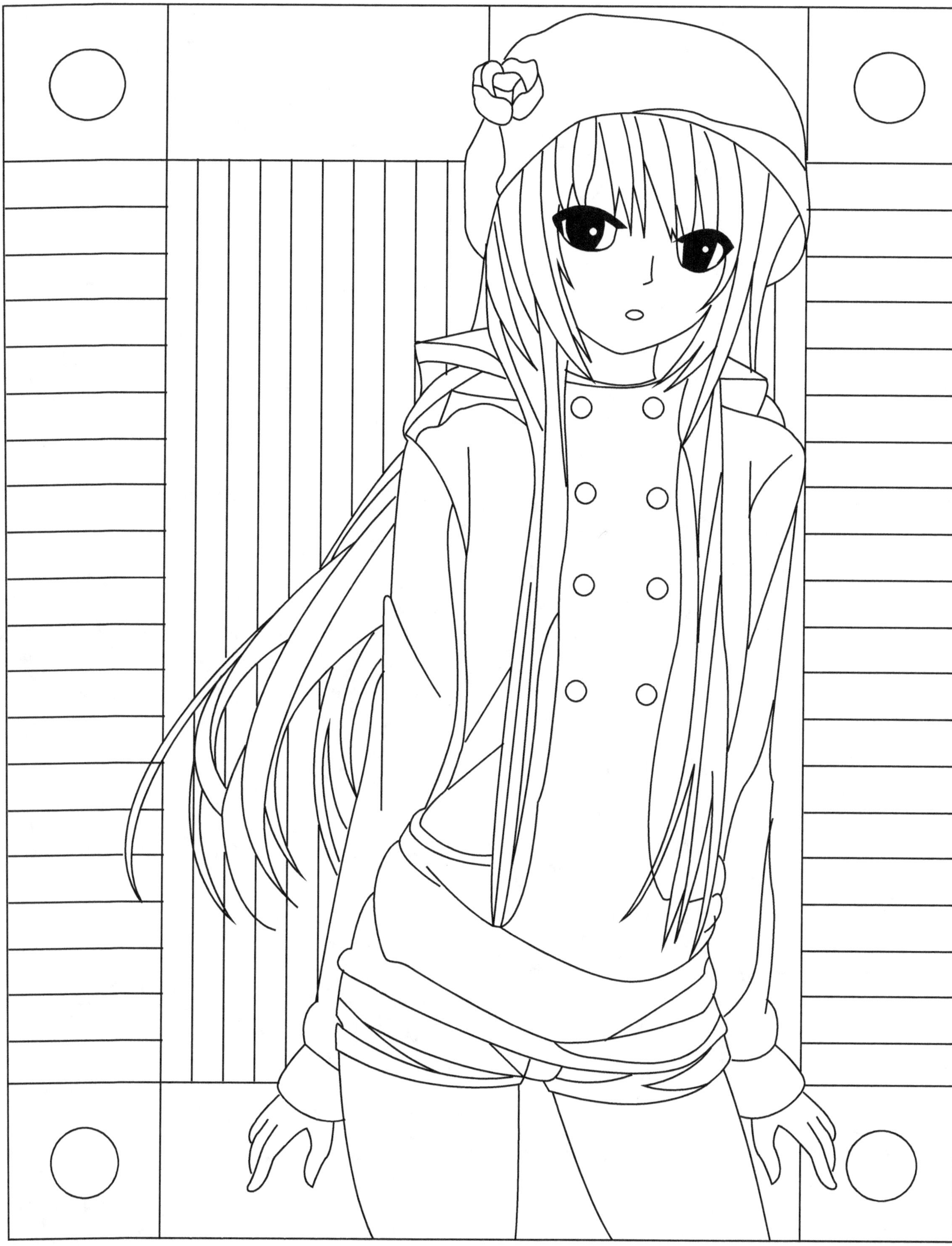

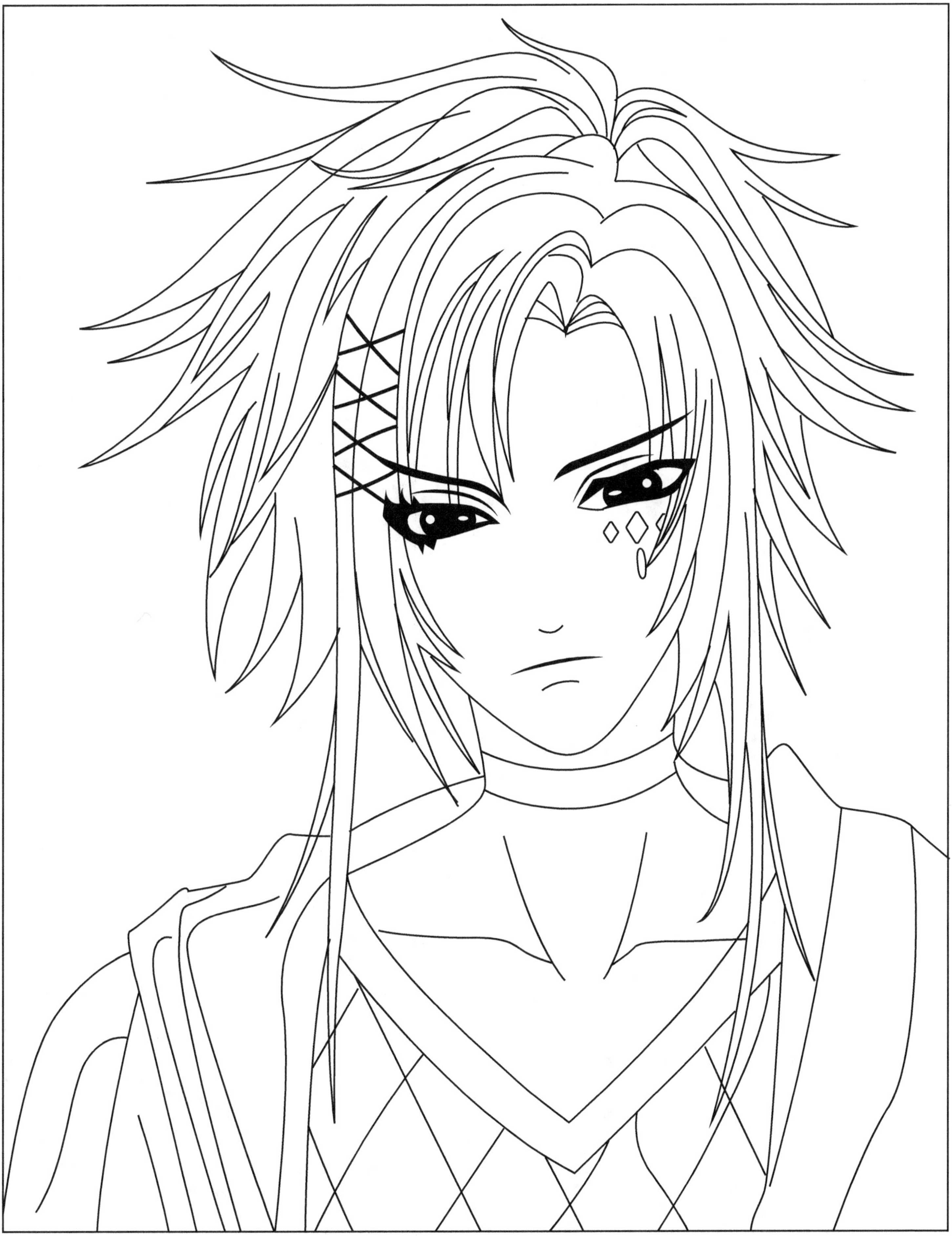

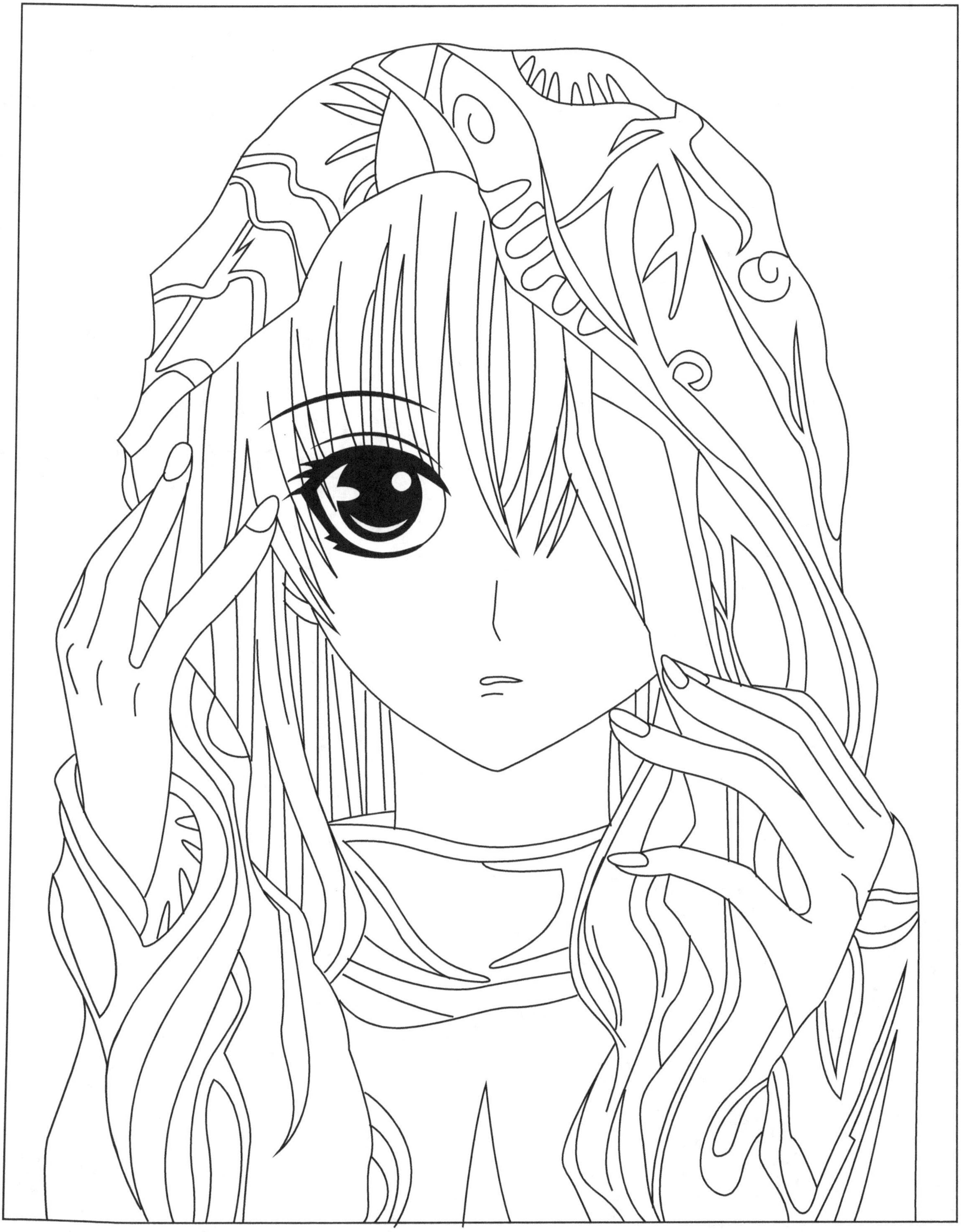

www.ingramcontent.com/pod-product-compliance
Lightning Source LLC
Chambersburg PA
CBHW081203180526
45170CB00006B/2200
* 9 7 8 1 5 4 4 6 4 8 7 4 3 *